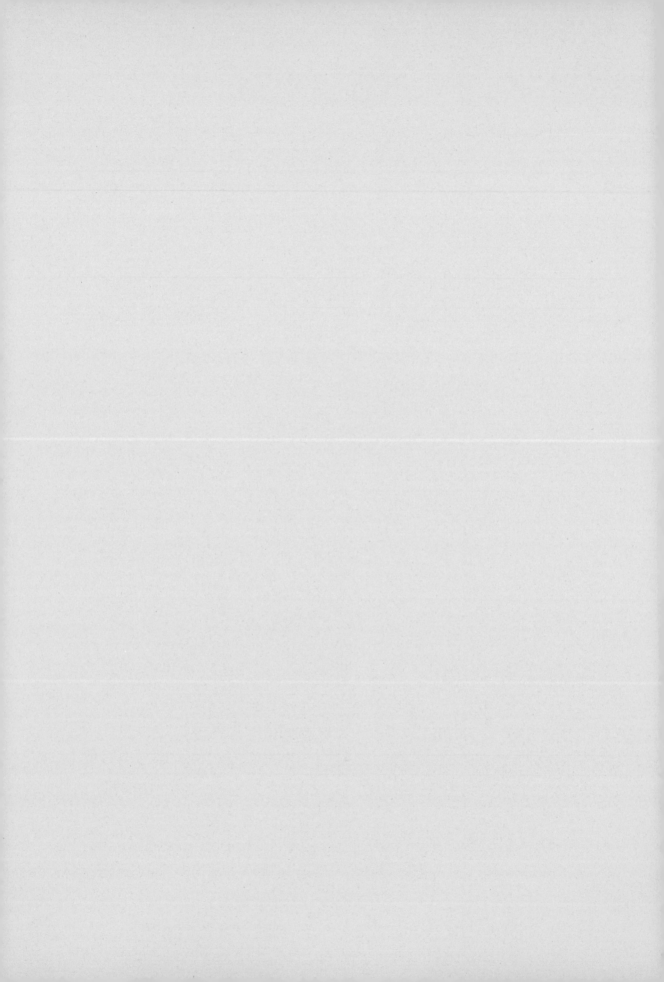

E

05 · 기업형

10대를 위한

홀랜드 유형별

유망
직업
사전

강서희, 오규찬, 오지연, 이영석, 한승배, 현선주 지음

(주)삼양미디어

"선생님! 저는 제가 뭘 좋아하는지 모르겠어요."

이 말은 학과나 진로 탐색 과정에서 학생들이 자주 하는 질문입니다. 이 질문의 해결 방법을 찾기 위해 많은 학교나 단체에서 진로심리검사를 합니다. 진로심리검사에는 흥미나 적성, 가치관 등을 알아보는 여러 검사가 있지만 대부분의 중·고등학교에서는 학생의 흥미를 알아보는 홀랜드 검사를 많이 실시하고 있습니다.

홀랜드 검사는 사람의 성격과 흥미 특성을 6가지 유형으로 구분하고, 이와 관련된 직업을 선택할 수 있게 한 검사입니다. 물론 홀랜드 검사를 했다고 해서 자신의 흥미를 다 알게 되거나 나아갈 분야를 곧바로 결정할 수 있는 것은 아닙니다. 때론 뜻밖의 검사 결과가 나와 '내가 이런 흥미가 있었나?' 생각하게 될 때도 있습니다. 검사 결과를 무조건 믿고 따르는 것도 좋은 방법은 아닙니다. 그렇다면 진로심리검사가 의미가 없는 걸까요? 그렇지는 않습니다. 검사를 하는 과정에서 자신에 대해 좀 더 생각해 보게 되고, 검사 후에는 나온 결과를 바탕으로 진로를 탐색하는 과정을 거치도록 동기를 부여하기 때문입니다.

진로심리검사는 참고 자료로 보는 것이 좋습니다. 중요한 것은 검사 결과를 보는 것이 진로 탐색 과정의 '끝'이 아니라 '시작'이라는 것입니다. 하지만 많은 학생들은 자신의 흥미 유형과 추천 직업을 확인하고는 그냥 지나쳐 버립니다. 정작 흥미와 관련한 직업을 알아보는 진로 탐색 활동을 하지 않고 있습니다. 수업이나 진로 상담을 통해 관련 직업을 살펴보기도 하지만 시간이 부족하여 깊이 있게 다루지 못하는 한계가 있습니다.

대안으로 학생들에게 책을 추천하려고 해도 홀랜드 유형으로 직업을 구분하여 설명한 책은 찾기가 어렵습니다. 홀랜드 유형으로 직업을 구분해야 해당 유형의 직업을 다양하게 살펴볼 수 있고 2, 3순위로 나온 유형과 관련한 직업도 함께 탐색할 수 있습니다. 이러한 문제를 조금이나마 해결하기 위해 진로 선생님들이 모여 '홀랜드 유형별 유망 직업 사전'을 쓰게 되었습니다.

이 책에는 홀랜드 검사의 6가지 유형별로 유망 대표 직업 20개를 뽑아 총 **120개**의 직업을 안내하고 있습니다. 해당 직업이 어떤 직업인지, 하는 일은 무엇인지, 필요한 능력은 무엇인지, 미래의 직업 전망은 어떠한지, 어떤 자격증이 있어야 하는지 등을 상세히 풀어놓았습니다. 또 그 직업인이 되는 경로인 **커리어 패스**'도 있어서 **진학 설계**에 도움을 받을 수 있고, 직업과 연관성이 큰 대학의 대표 학과에 대한 소개도 상세히 넣었습니다. 무엇보다 "이 분야로 가려면 중·고등학교 시절부터 뭘 준비해야 하나요?"라는 물음에 답할 수 있도록 '학교생활 포트폴리오'에 동아리·봉사·독서 활동, 교과 공부, 교외 활동 시 준비할 것을 정리하였습니다. **'학교생활 포트폴리오'**를 통해 **'학교생활기록부'**를 잘 관리한다면 **'학생부 종합전형'**을 대비하는 데 많은 도움이 될 것입니다.

'진로'나 '꿈'이 곧 '직업'은 아닌데 꿈을 이루기 위한 수단인 '직업'에 주목하다 보면 직업이 인생의 '목표'나 '꿈'이 되어 버리거나 생각의 폭이 좁아질 수 있다는 우려도 있습니다. 맞는 말입니다. 그럼에도 '직업'에 관심을 가지는 것은, 학생들은 '꿈'을 쉽게 체감할 수 없고 먼 미래의 일이라 생각하여 자신의 꿈을 위해 체계적으로 준비하지 못하는 경우가 많기 때문입니다.

자신의 진로를 결정하는 데 도움이 되는 방법은 여러 가지가 있지만 무엇보다 자신이 직접 겪은 경험만큼 확실한 것은 없습니다. 의미 있는 시행착오를 겪을수록 자신의 진로를 분명하게 알 수 있습니다. 학생들에게 꿈을 직업으로 정했을 때의 문제와 한계를 알게 하고, 그럼에도 직업으로 접근하는 이유를 제대로 알린다면 크게 걱정할 필요는 없다고 생각합니다.

끝으로, 이 책이 자신의 진로를 찾아 행복한 삶을 살아가는 데 조금이나마 도움이 된다면, 나아가 진로 탐색의 길잡이 역할을 할 수 있다면 더할 나위 없겠습니다.

지금 이 순간에도 자신의 진로에 대한 건강한 고민을 하고 있을 수많은 학생 여러분! 여러분의 꿈을 응원합니다.

– 저자 일동

구성과 특징

COMPOSITION

1 관련 학과

소개된 직업과 관련성이 높은 대학의 학과 정보가 궁금하다면 해당 페이지에서 확인할 수 있습니다.

2 직업의 세계

해당 직업과 관련된 시사성이 큰 상식이나 지식, 이슈, 뉴스 등을 소개하여 그 직업의 세계를 개략적으로 이해할 수 있게 하였습니다.

3 직업을 대표하는 사진이나 삽화로 시작하여 흥미를 유발하였습니다.

4 하는 일

직업이 하는 일을 쉽게 이해할 수 있도록 설명하였습니다.

17 통역사 ①

1. 통역사의 세계 ②

2. 통역사가 하는 일 ④

3. 통역사에게 필요한 능력 ⑥

4. 통역사와 관련된 학과 및 자격증 ⑦

5. 통역사의 직업 전망 ⑧

⑤

5 그것이 알고 싶다

직업과 관련된 이야기나 또 다른 직업, 관련 용어, 흥미로운 이야깃거리를 소개하였습니다.

6 필요한 능력

해당 직업인에게 필요한 능력을 소개하여 장차 그 직업인이 되기 위해 갖추어야 할 것이 무엇인지 알 수 있게 설명하였습니다.

7 관련 학과 및 자격증

해당 직업과 관련된 대학의 학과와 필요한 자격증을 제시하였습니다.

8 직업 전망

해당 직업의 현재 상황과 미래의 전망을 사회의 변화나 경제 상황, 기술의 발전 등을 고려하여 예측해 보았습니다.

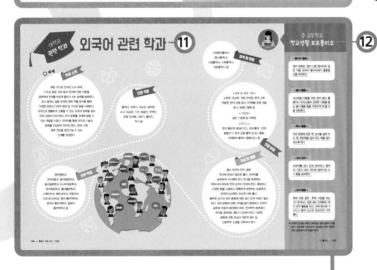

9 TIP

해당 직업과 관련된 지식과 정보, 용어 등을 이해하기 쉽게 요약 정리하였습니다.

10 커리어 패스

해당 직업인이 되기 위한 다양한 중·고등학교와 대학교 진학 및 이후 진로 경로를 상세히 소개하고, 한눈에 이해할 수 있게 그림으로 표현하였습니다.

11 대학교 관련 학과

해당 직업과 관련성이 높은 대학교의 학과를 소개하였습니다. 학과에 적합한 적성과 흥미, 관련 자격증이나 면허, 관련 학과, 진출 가능한 직업, 진출 가능한 직장의 분야 등을 상세히 소개함으로써 직업과 학과를 폭넓게 이해할 수 있게 구성하였습니다.

12 학교생활 포트폴리오

해당 분야의 직업인이 되기 위해 중·고등학교 시절부터 준비하면 큰 도움이 될 학교생활 포트폴리오를 제시하여 상급 학교 진학에 도움이 될 수 있게 하였습니다.

01 홀랜드 검사란?

세상에는 수많은 직업이 있고, 사람들은 다양한 직업에 종사하며 살아갑니다. 그런데 직업을 가진 사람들 중에서 자신이 정말 원하는 직업을 갖고 있는 경우는 의외로 드물다고 합니다. 자신의 적성과 능력에 잘 맞는 직업을 선택하여 살아간다면 즐겁게 일할 수 있고, 능력을 발휘할 기회도 많아져서 삶 자체가 더욱 행복해질 수 있겠지요. 그렇지만 자신의 적성과 흥미에 맞는 직업이 무엇인지를 아는 일은 쉽지 않습니다. 이럴 때 도움을 받을 수 있는 것이 적성 검사나 흥미 검사입니다. 이러한 검사를 통해 자신이 좋아하고 관심 있는 분야에 대해 알 수 있고, 자신의 성격과 장점을 보다 잘 파악할 수 있습니다.

오늘날 진로와 적성을 탐색하는 검사 방법이 많이 개발되어 있는데, 그중에 이 책에서 소개하고자 하는 것은 홀랜드 검사 방법입니다.

홀랜드 검사는 미국의 저명한 심리학자 존 홀랜드가 사람의 직업적 성격 이론에 근거하여 만든 진로 및 적성 탐색 검사입니다. 홀랜드 검사에서는 이 세상에 존재하는 모든 직업을 특성이나 종사하는 사람들의 성격에 따라 6개의 유형으로 구분하고 있으며, 6가지 진로 유형을 'RIASEC 유형'이라고 합니다. RIASEC은 R형(Realistic, 실재형), I형(Investigative, 탐구형), A형(Artistic, 예술형), S형(Social, 사회형), E형(Enterprising, 기업형), C형(Conventional, 관습형)의 앞 글자를 딴 용어입니다.

• **존 홀랜드(John L. Holland, 1919~2008)** 미국 존스홉킨스 대학 심리학과 명예교수로서 진로 발달 및 선택 이론인 홀랜드 직업 적성 검사를 개발했습니다. 그가 개발한 '직업적 성격 이론'은 개인의 성격과 직업적 환경과의 상호 연관성에 바탕을 두고 확립되었으며, 이 이론은 현재 전 세계의 진로 발달 및 상담 학계에서 가장 많이 이용되고 있습니다.

그의 저서 〈직업의 선택(Making Vocational Choices)〉은 진로 상담 부문에서 최고의 책으로 인정받고 있으며, 고트프레드슨과 함께 출간한 〈직업코드사전(DHOC)〉을 통하여 직업사전에 있는 거의 모든 직업을 홀랜드 코드화하였습니다. 이러한 공로를 인정받아 1995년에는 미국심리학회에서 수여하는 '저명한 학자로서의 학술상'을 받았습니다.

그의 검사 중 특히 홀랜드 SDS(Self Directed Search, 자기탐색검사)가 가장 널리 인정받고 있으며, 그 밖에 NEO 청소년성격검사, NEO 성인성격검사 등도 많이 이용되고 있습니다.

02 홀랜드 검사의 직업 유형 6가지

홀랜드 검사에서는 6가지 유형을 기본으로 하여 검사 결과에서 가장 많이 나타나는 두 가지 유형을 자신의 성격 유형 및 진로 코드로 정합니다(예 SC형). 왜냐하면 한 사람의 성격과 흥미를 한 가지 유형으로 단정할 수 없기 때문입니다. 경우에 따라 세 가지 유형을 묶어서 표현할 수도 있습니다(예 SCA형). 검사 결과에서 가장 많은 유형을 제1유형, 그 다음으로 제2유형, 제3유형이 결정됩니다.

실재형 (R)

성격 · 적성 말이 적고 운동을 좋아함 / 신체적 활동을 좋아하고 소박하고 솔직함 / 성실하며 기계적 적성이 높음

대표 직업 건축공학 기술자, 애완동물 미용사, 재료공학 기술자, 항공기 정비사, 방사선사, 선장(항해사), 전기공학 기술자, 스포츠 트레이너, 비파괴검사원, 산업공학 기술자, 경호원, 기계공학 기술자, 피부관리사, 토목공학 기술자, 동물 조련사, 전자공학 기술자, 기상 캐스터, 데이터베이스 개발자, 치과 기공사, 조선공학 기술자

탐구형 (I)

성격 · 적성 탐구심이 많고 논리적이며 분석적임 / 합리적이며 지적 호기심이 많고 수학적 · 화학적 적성이 높음

대표 직업 가상현실 전문가, 게임 프로그래머, 나노 공학 기술자, 디지털 포렌식 수사관, 빅데이터 전문가, 사이버 범죄 수사관, 생명 공학 연구원, 생물학 연구원, 손해사정사, 수의사, 에너지 공학 기술자, 응용 소프트웨어 개발자, 자동차 공학 기술자, 정보 보안 전문가, 증강현실 전문가, 천문학자, 항공우주 공학 기술자, 해양 공학 기술자, 화학 공학 기술자, 환경 공학 기술자

관습형 (C)

성격 · 적성 책임감이 있고 빈틈이 없음 / 조심성이 있고 변화를 좋아하지 않음 / 계획성이 있으며 사무 능력과 계산 능력이 높음

대표 직업 스포츠 마케터, 식품 공학 기술자, 약사, 웹 마스터, 전자 상거래 전문가, 정보 보호 전문가, 통신 공학 기술자, 투자 분석가, 항공 교통 관제사, 헤드헌터, 환경 컨설턴트, 회계사, 감정 평가사, 관세사, 네트워크 엔지니어, 물류 관리사, 법무사, 변리사, 보험 계리사, 세무사

기업형 (E)

성격 · 적성 지도력과 설득력이 있음 / 열성적이고 경쟁적이며 이상적임 / 외향적이고 통솔력이 있으며 언어 적성이 높음

대표 직업 검사, 경기 심판, 교도관, 국제회의 전문가, 국회 의원, 기자, 도선사, 마케팅 전문가, 방송 작가, 소믈리에, 스포츠 에이전트, 아나운서, 여행 안내원, 영화감독, 외환 딜러, 카레이서, 통역사, 판사, 펀드 매니저, 항공기 조종사

사회형 (S)

성격 · 적성 다른 사람에게 친절하고 이해심이 많음 / 남을 잘 도와주고 봉사적임 / 인간관계 능력이 높으며 사람들을 좋아함

대표 직업 노무사, 미술 치료사, 범죄 심리 분석관, 상담 전문가, 소방관, 안경사, 언어 치료사, 웃음 치료사, 웨딩 플래너, 유치원 교사, 음악 치료사, 응급 구조사, 임상 심리사, 작업 치료사, 장례 지도사, 직업 상담사, 파티 플래너, 한의사, 호스피스, 호텔 컨시어지

예술형 (A)

성격 · 적성 상상력과 감수성이 풍부함 / 자유분방하며 개방적임 / 예술적 소질이 있으며 창의적 적성이 높음

대표 직업 공연 기획자, 광고 디자이너, 메이크업 아티스트, 뮤지컬배우, 바리스타, 보석 디자이너, 사진작가, 성우, 쇼핑 호스트, 시각 디자이너, 웹툰 작가, 이미지 컨설턴트, 일러스트레이터, 자동차 디자이너, 작곡가, 컴퓨터 그래픽 디자이너, 큐레이터, 패션 코디네이터, 푸드 스타일리스트, 플로리스트

What's your **DREAM?**

◎ 홀랜드의 RIASEC 모형

목차

CONTENTS

01 E 검사

관련 학과
법학과
16쪽

1. 검사의 세계

◎ 정의의 여신상

　　법원 앞에는 한 손에는 저울을 다른 한 손에는 검을 쥔 채, 두 눈을 가린 정의의 여신상이 서 있다. 이 여신상은 그리스 신화에서는 디케(Dike), 로마 신화에서는 유스티티아(Justitia)라고 불린다. 영어의 공정성과 정의를 의미하는 저스티스(justice)는 유스티티아(Justitia)에서 유래하였다. 정의의 여신상이 든 저울은 어느 한쪽으로 치우치지 않는 공정한 법의 집행을 의미하고, 칼은 법의 권위와 불의에 대한 단죄를 의미한다. 그리고 두 눈을 가린 이유는 권력의 압력이나 사적 유혹에 얽매이지 않고 법을 공평하게 집행하는 것을 상징한다.

법은 정의를 실현하고 사회가 안정적으로 유지될 수 있게 한다. 검사는 법을 적용하여 죄를 지은 사람, 즉 피의자의 죄를 밝히고 기소한다. 이를 통해 법적 정의를 실현하는 것이다.

↳ 검사가 특정한 형사 사건에 대해 법원에 심판을 요구하는 일

◎ 대한민국 검찰 마크
정의를 뜻하는 칼 모양의 중앙 선분을 중심으로 좌우에 진실과 인권, 다시 그 좌우에 공정성과 청렴을 상징하는 선분을 배치하였다. 파란색 계열 색깔은 합리성과 이성을 상징한다.

1992년 이탈리아 밀라노 검찰청의 젊은 검사 안토니오 디 피에트로(Antonio di Pietro)는 범죄 조직 및 부패한 정치인과 경제인에 대한 전쟁을 선언하고 부정부패 추방 운동을 벌였다. 피에트로가 추진한 이 부정부패 추방 운동은 이탈리아어로 깨끗한 손을 의미하는 '마니 풀리테(mani pulite)'라고 불렸다. 2년여 동안 '마니 풀리테'를 추진한 결과 150명이 넘는 국회의원을 포함하여 6,000명에 달하는 사람들이 수사를 받았고 그중 1,400명이 기소되었다. '마니 풀리테'는 사람들에게 부정부패의 심각성을 일깨워 주었고, 현재도 수사 기관이 주도하는 반부패 운동을 의미하는 용어로 널리 쓰이고 있다.

피에트로 검사는 두 눈을 가린 채 저울과 검을 통해 법을 수호하는 정의의 여신상처럼, 외부의 유혹과 압력에서 벗어나 법을 통해 사회 질서를 유지하고 정의를 세우고자 하였다. 그 결과 불의를 밝히고, 죄 지은 사람에게 법적 책임을 지워 법치주의를 실현할 수 있었다. '마니 풀리테'는 검사의 활동 중 가장 획기적이고 대표적인 사례로 꼽을 수 있을 것이다.

우리나라 최초의 검사는 1907년 네덜란드 헤이그에서 열린 '만국 평화 회의'에 참가하여 세계 각국에 을사조약의 부당함을 알리고자 했던 이준 열사이다. 이준 열사는 우리나라 최초의 근대 법학 교육 기관인 법관 양성소를 졸업하고 검사 시보로 임명되었다. 그는 강직한 성품으로 권력에 굴하지 않고, 관료들의 부정부패를 밝히기 위해 노력하였으나, 모함을 받아 33일 만에 검사직에서 물러나기도 하였다.

◎ 마니 풀리테의 주역 피에트로 검사(세 명 중 왼쪽)

◎ 우리나라 최초의 검사, 이준

그것이 알고싶다 판사, 검사, 변호사의 역할은 어떻게 다른가?

판사, 검사, 변호사 등 법을 다루는 사람을 가리켜 법조인이라고 한다. 이들은 모두 법을 다루고 있지만, 그 역할에는 저마다 차이가 있다.

검사는 범죄 사건을 수사하고, 범죄를 저지른 사람을 재판에 넘겨 법의 심판을 받게 한다. 변호사는 이권을 다투는 민사 사건에서 개인이나 단체를 대신해 소송을 제기하거나 범죄와 관련된 형사 사건에서 재판에 넘겨진 피고인을 변호한다. 판사는 재판을 진행하며, 변호사와 검사의 논쟁, 증인 진술, 사건 증거 등 재판에 관련된 자료들을 검토하고 법률에 근거해 판결을 내린다.

2. 검사가 하는 일

검사의 업무 중 가장 중요한 일은 국민이 법을 지킬 수 있도록 돕고 감시하는 것이다. 검사는 법을 준수하고 사회 질서를 유지하기 위해 죄를 지은 사람을 기소한다. 사건을 조사하여 죄가 있다고 판단되면 객관적인 증거를 모아 죄를 지은 사람의 범죄 사실을 증명한다. 재판 과정에서 피고인을 보호하려는 변호사와 언쟁을 벌이기도 하고 증인을 불러 사건에 대한 증언을 듣기도 한다.

형사 사건이 접수되면 고소인과 피의자를 면담한다.

경찰을 지휘하고 감독하여 범죄의 증거를 수집하고 분석한다.

수사가 끝난 뒤 죄가 있다고 판단되면 법적 문제를 검토한 뒤 법원에 청구한다.

국민의 안전에 직결되는 형사 사건이나 사회의 중요한 부패 사건, 마약 및 범죄 사건의 경우에는 독자적으로 수사한다.

검사는 범죄로부터 국민을 보호하는 일을 하는 만큼 사회적 지위와 명예를 인정받는다. 또한, 공무원 신분으로 높은 복리 후생을 보장받는다. 하지만 죄를 지은 사람들일지라도 죄를 물어 처벌하는 일은 정신적 스트레스가 클 수밖에 없고 퇴근 시간이 따로 없을 만큼 업무도 많다. 사회 정의 실현에 기여한다는 소명의식과 사명감으로 무장된 직업 중의 하나이다.

그것이알고싶다 검사에게는 어떤 권한이 있을까?

검사는 수사권, 영장 청구권, 기소권 등 폭넓은 권한을 행사한다. 검사는 범죄 사건에서 경찰을 지휘하고 감독하여 범죄 증거를 수집하고 분석한다. 경찰에서 1차 수사한 형사 사건도 검사가 넘겨받아 피의자를 심문하는 등 수사를 진행한다.

검사는 범죄를 수사하여 죄가 있을 경우, 재판을 요구하고 피의자를 기소한다. 재판이 진행되는 동안 공소(검사가 재판에 특정 형사 사건의 재판을 요구하는 일)를 유지하고 재판의 집행을 지휘하고 감독한다.

검사는 영장 청구권은 물론 수사 개시권, 수사 지휘권, 수사 종결권까지 행사하는 데 반해, 경찰은 수사 개시권만 행사할 수 있어 그 권한이 매우 제한적이다. 이 때문에 검찰이 가진 권한을 축소하여 수사권은 경찰에게 맡기고 검사는 기소와 공소 유지에 주력해야 한다는 주장이 제기되고 있다.

3. 검사에게 필요한 능력

검사는 죄를 지은 사람, 피의자의 죄를 밝혀내기 위해서는 불의에 대해 물러나지 않는 정의로움과 강직한 성품을 갖추어야 한다. 사회 질서를 유지하여 국민의 행복과 안전한 삶을 보장한다는 사명감과 불의에 타협하지 않는 정의감은 필수이며, 외부로부터 영향받지 않고 공정하게 법을 적용할 수 있는 강직함과 법조인으로서의 철저한 공직 윤리 또한 갖추어야 한다.

또한, 사건과 범죄 용의자를 수사하여 범죄 여부를 판단해야 하므로, 사소한 부분까지 놓치지 않는 치밀함과 꼼꼼함이 필요하다. 하나의 문제에 대해 깊이 파고드는 끈기와 분석적 사고를 통해 올바른 결론을 내릴 수 있는 논리력과 추리력이 있어야 한다.

재판이 진행되는 동안 변호사와 논쟁을 벌이며 판사에게 정확한 상황에 관해 설명해야 하므로 자기 생각을 논리 정연하게 표현할 수 있는 언어 능력과 의사소통 능력을 갖추어야 한다.

법을 통해 정의를 실현하고 감정에 치우치지 않는 객관성을 유지해야 하는 검사의 업무는 보통 밤늦게까지 이루어진다. 피의자 소환, 사건 처리, 경찰의 수사 지휘 등의 업무를 처리해야 하고, 피의자들을 상대하여 반복되는 피의자 조사에도 지치지 않는 강한 체력과 인내심이 필요하다.

특별 검사의 임명과 업무를 알아볼까?

수사가 공정하게 이루어지지 않았거나, 공정한 수사를 기대하기 힘든 경우에는, 독립 수사 기구인 특별 검사가 사건을 담당한다. 주로 고위 공직자의 비리나 위법 행위 등이 특별 검사의 수사 대상이 된다.

특별 검사는 정규 검사가 아닌 독립된 변호사 중에서 임명한다. 국회가 대한 변호사 협회 (변협)에 특별 검사 추천을 의뢰하면, 변협이 법조 경력 15년 이상의 변호사 중에서 2명의 후보를 선정하여 대통령에게 추천하고, 대통령은 이 중에서 1명을 특별 검사로 임명한다. 특별 검사는 정식으로 임명된 뒤 특별 검사보와 특별 수사관을 선정하고 검찰청이 아닌 곳에 따로 사무실 등을 둔다. 특별 검사는 검찰과 경찰에 수사 협조를 요청할 수 있고, 관련 기관에 수사상 필요한 자료 제출을 요구할 수 있다. 그러나 특별 검사 등 수사팀은 사건과 직접 관련된 사안만 수사할 수 있고, 직무상 알게 된 비밀이나 공소 제기 전 수사 내용, 수사 진행 상황 등을 누설하거나 공표할 수 없다.

4. 검사와 관련된 학과, 직업 및 자격증은?

- **관련 학과:** 법학과, 공법학과, 사법학과
- **관련 직업:** 판사, 변호사, 경찰관, 법무사, 변리사, 노무사, 검찰 수사관, 법률 사무원 등
- **관련 자격:** 변호사

5. 검사의 직업 전망

사회가 발전할수록 범죄가 다양해지고 지능화할 것이므로, 고도의 전문적인 법 지식을 갖춘 검사의 수요는 증대할 것이다. 특허 및 지적 재산권 관련 민사 소송과 금융사기, 환경 파괴, 부당 노동 행위 등 다양한 형태의 범죄가 나타나고 있어 다양한 분야의 전문적인 지식을 갖춘 검사가 필요하다.

특히 정보화 사회의 가속화로 전자 상거래 사기, 국제 거래에 따른 분쟁 및 해킹과 같은 사이버 범죄가 늘어나고 있어 사이버 범죄를 수사할 수 있는 능력을 갖춘 검사의 수요가 증가할 것이다. 사회적 폐해와 손실이 큰 사이버 범죄에 신속하고 효율적으로 대처하려면 정보 통신 분야에 대한 지식과 활용 능력을 갖추어야 한다. 따라서 앞으로 검사의 역할도 사이버 테러, 해킹 공격, 악성 코드 유포, 가상 화폐 탈취, 랜섬웨어 등 신종 사이버 범죄 행위를 찾아내고 수사하는 사이버 치안 부문에까지 확대될 것으로 전망된다.

검사

　오랫동안 법조인의 등용문 역할을 해 오던 사법 시험이 2017년을 마지막으로 폐지됨에 따라, 앞으로 검사가 되려는 사람은 법학 전문 대학원(로스쿨)을 졸업한 후 변호사 시험에 합격해야 한다.

　법학 전문 대학원(로스쿨)은 사법 시험을 중심으로 운영되던 법학 교육을 정상화하고, 다양한 분야의 경력을 지닌 법조인을 양성하기 위해 도입되었다. 검사 지망자는 로스쿨에서 3년간 법학 교육을 받은 뒤 변호사 자격시험에 응시할 수 있다. 법학 전문 대학원에 입학하기 위해서는 4년제 학사 학위, 법학 적성 시험(LEET), 공인 영어 성적, 학점(GPA)이 필요하다. 또한, 논술, 면접, 봉사 활동 경력 등을 요구하는 로스쿨도 있다.

　로스쿨 재학 중에는 검찰 실무 과목을 이수해야 하며, 법무 연수원에서 진행되는 '검찰 실무 심화 수습 과정'에서 좋은 성적을 거두어야 한다. 변호사 자격을 취득한 사람 중 검사 지원자는 1차 서류 전형, 2차 실무 기록 평가와 인성 검사, 3차 역량 평가를 거쳐 검사에 임용된다. 실무 기록 평가는 사건 기록을 검토한 후 처분 결과와 그 이유 등을 작성한 보고서에 대한 평가이며, 역량 평가는 직무 역량 평가, 발표 · 표현 역량 평가, 토론 · 설득 역량 평가, 조직 역량 평가(최종 면접)를 포함한다. 검사는 법무부 장관이 임명하며, 선발된 후에도 1년 동안 법무 연수원에서 교육을 이수해야 한다. 매년 변호사 자격시험에 통과된 신규 인력과 기존의 경력 있는 변호사 간의 검사 임용 경쟁도 더욱 치열해질 것으로 보인다.

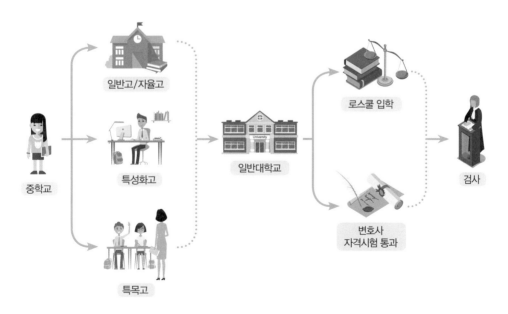

중학교 → 일반고/자율고, 특성화고, 특목고 → 일반대학교 → 로스쿨 입학, 변호사 자격시험 통과 → 검사

◎ 검사의 커리어 패스

법학과

학과 소개

법학은 사회 갈등을 해결하고 사회의
질서를 유지하는 법률에 관해 연구하는 학문
이며, 법학과는 사회생활의 기초가 되는 전문적인
법률학적 지식과 그 내용의 해석 방법을 체계적으로
공부하여 심도 있는 법학에 관한 연구를 실시한다.
빠르게 진행되는 사회 변화 속에서, 법치주의와 민주
주의를 수호하여 사회 정의를 수호할 수 있는 법적
소양을 갖춘 인재를 배출하고 국가와 사회
발전에 기여할 수 있는 경쟁력과 능력을
겸비한 법률 전문가를 양성한다.

적성 및 흥미

법학을 전공하기 위해서는 사회 문제에
관심이 많아야 한다. 불의를 보고 지나치지 않는
정의감과 다양한 사회 현상을 이해하기 위한 분석적
사고력과 자신의 주장을 논리 정연하게 표현할
수 있는 언어 능력과 논리력이 필요하다.
범죄에 대항하여 진실을 밝혀낼 때까지 포기하지
않는 치밀함과 끈기를 갖추고 있으면 좋다. 감정에
치우치기보다는 상황을 객관적으로 판단할 수
있는 과학적이고 이성적 사고방식을
갖고 있다면 더욱 유리하다.

진출 직업

판사, 변호사, 변리사, 법률
사무원, 법률 상담사, 법무사,
노무사, 감정 평가사, 부동산
중개인, 손해 사정사 등

중·고등학교
학교생활 포트폴리오

자격 및 면허

변호사, 법무사,
세무사, 변리사, 관세사,
감정평가사, 공인중개사,
공인노무사 등

진출 분야

★정부 및 공공 기관★
법무 행정직, 검찰 사무직, 마약 수사직,
보호 관찰직, 교정직, 출입국 관리 사무소,
교도소 등
★기업체★
기업체 법무팀, 법률 사무소, 법무사 사무소,
노무사 사무소 등
★연구소★
세법 연구소, 국제법 연구원 등 법
관련 연구원 및 연구소

관련 학과

법률학과, 법률행정학과,
사법학과, 공법학과, 국제법무
학과, 과학기술법학과, 경찰법
학과, 지적재산학과, 특허법률
학과, 부동산 법무전공

★동아리 활동★

사회 문제에 관심을 갖고, 시사 토론, 신문 연구반 같은 동아리 활동에 참여할 것을 추천한다.

★봉사 활동★

소외 계층을 대상으로 하는 봉사 활동은 사회적 약자를 보호하는 일에 대해 관심을 갖게 하고, 사회를 바라보는 넓은 시야를 갖추는 데 도움이 된다.

★독서 활동★

사회·법률·철학 분야의 고전을 탐독하고, 사회 과학 분야의 흐름을 알 수 있는 책을 골라 독서 활동을 하는 것이 좋다.

★교과 공부★

논리 능력을 키울 수 있는 국어 교과와 사회 탐구 능력을 배양할 수 있는 사회 과목을 깊이 있게 공부하는 것이 좋다.

★교외 활동★

폭넓은 교외 활동을 통하여 이해력을 키우고, 법 관련 행사나 모의재판 프로그램에 참여하는 것도 좋다.

※교내 모의재판이나 토론 대회에 참여하여 수상한 경력이나 다양한 외부 대회에 참여한 활동도 도움이 된다.

02 경기 심판

관련 학과
체육학과
24쪽

1. 경기 심판의 세계

심판의 휘슬이 울리고 경기가 시작되면 관중은 열광한다. 스포츠는 일상생활에서 쌓인 스트레스를 풀어 주며, 사람들을 하나로 묶어 주기도 한다. 스포츠를 좋아하는 사람들은 서로 자신이 응원하는 팀이 승리하기를 염원하며 경기를 관람한다.

감독과 코치의 지시에 따라 훈련을 받고 실력을 쌓아 온 선수들은 팀의 승리를 위해 최선을 다해 경기에 참여한다. 이 과정에서 선수들은 상대 선수와 언쟁을 하거나 서로 몸싸움을 벌이기도 한다. 때로는 의욕이 지나쳐 경기 규칙을 위반하는 행동도 저지른다. 이러한 상황에서 경기를 공정하고 원활하게 운영하고 중재하는 역할을 맡은 사람이 심판이다.

경기 도중에는 여러 가지 돌발 상황이 발생한다. 특히 선수들끼리 격렬하게 몸싸움을 하다 보면 어느 쪽이 잘못인지 가려내기가 곤란한 경우가 종종 생긴다. 이럴 때 심판은 명확한 기준과 규칙을 적용하여 정확하고 공정하게 판정해야 한다. 유명 선수가 경기에 참여하면 관중은 더욱 열광하고 승리를 갈구한다. 선수와 관중은 판정의 옳고 그름보다는 팀의 승리를 우선시한다. 따라서 자신의 팀에 불리한 판정이 나면, 설령 그 판정이 옳은 것이라 할지라도 심판에게 격렬하게 항의하기도 한다. 심판은 이러한 중압감 속에서도 경기가 원활히 진행되도록 노력해야 하므로, 주변 환경에 흔들리지 않는 뚝심이 있어야 한다.

"내가 맞았을 땐, 아무도 기억하지 않습니다. 그러나 내가 틀렸을 땐 누구도 잊지 않죠." 이 말은 1962년부터 1992년까지 미국 프로 야구의 메이저 리그(Major League)에서 활약하여 명예의 전당에 오른 심판 더그 하비(Doug Harvey)가 한 말이다. 마찬가지로 국제 배구 연맹(FIVB) 국제 심판으로 명예의 전당에 오른 김건태 심판도 "어떠한 경기든 집중력을 갖고 심판대에 올라서면 90%는 눈으로 확인할 수 있다. 나머지 10%가 문제다. 그 민감한 10%의 공정함을 위해 내가 할 수 있는 모든 것을 총동원한다."라고 말한 바 있다.

심판의 실수는 오랫동안 사람들에게 기억되고 회자된다. 무사히 경기를 치른 경우에도 승리한 선수와 감독은 큰 관심과 격려를 받지만, 성공적으로 경기를 운영한 감독은 주목받지 못한다. 우리가 열광하는 모든 스포츠에는 외로운 중재자인 심판의 노력이 숨어 있음을 기억해야 한다.

🔺 미국 프로 야구 심판, 더그 하비

🤖 그것이 알고 싶다 한 경기에 여러 심판을 두는 이유는 무엇일까?

심판은 경기의 시작과 종료를 알리며, 규칙에 따라 선수를 제재하거나 퇴장시키는 권한을 지닌다. 한 사람이 경기와 관련된 모든 사항을 판단하고 결정하기는 매우 버거우므로, 대개 최종 결정권자인 주심 외에 보조 심판(부심)을 두어 경기를 원활하게 진행하도록 한다.

축구 경기의 경우 보통 한 명의 심판이 경기를 주관하며 두 명의 선심이 심판을 보조한다. 선심은 경기 중단이나 심판이 보지 못한 선수의 규칙 위반과 같은 특정 상황에서 심판에게 조언한다. 그러나 선심의 결정은 구속력이 없으며, 최종 결정은 심판이 내린다. 국제 시합이나 프로 리그 등 수준 높은 경기에서는 한 명의 부심을 더 세울 수 있으며, 정확한 판정을 위해 비디오 보조 심판(VAR, video assistant referee)의 도움을 받기도 한다.

현재 VAR는 육안으로 판정하기 어려운 단거리 육상 경기, 테니스 등은 물론 야구, 축구, 농구 등에도 도입되어, 공정한 경기 진행에 한 몫을 담당하고 있다.

2. 경기 심판이 하는 일

심판은 규칙에 따라 공정하게 경기를 진행한다. 선수들이 승부에 집착하다 보면, 경기 규칙을 위반하는 경우가 종종 있다. 심판의 결정은 득점에 영향을 미치고 승패를 좌우할 정도로 그 중요성이 크다. 따라서 엄격하게 규칙 위반을 단속해야 하지만, 경기를 자주 중단시키면 경기의 긴박감과 흥미가 떨어질 수 있다.

경기를 원활하게 진행하고 오심을 방지하기 위해 보통 경기마다 주심과 부심을 둔다. 주심(책임자)은 경기 진행을 주도하며, 상황에 맞게 최종 결정을 내린다. 부심은 주심을 보좌하고 주심이 미처 확인하지 못한 반칙에 대해 조언을 한다. 심판이 하는 일은 다음과 같다.

운동 경기의 시작과 끝을 알린다.

경기 중 선수들이 규칙을 위반하면 호루라기, 깃발, 카드 등으로 반칙을 알린다.

경기 중 선수들의 부상 등 예기치 못한 상황이 발생하면 경기를 잠시 중단하고 관련자를 불러들인다.

경기 심판

규칙이 명시되어 있지 않은 사안에 대해서는 심판의 권한으로 재량껏 판단하여 경기의 진행을 돕는다.

심판은 경기를 총괄하고 책임지는 재판관 역할을 한다. 경기와 관련된 사항에 대한 심판의 판정은 승패를 좌우할 만큼 결정적이고 권위가 있다. 심판은 경기가 진행되는 동안 누구보다도 고독한 존재지만, 선수들이 최고의 기량을 발휘하고 스포츠 정신을 실현할 수 있도록 경기를 이끄는 역할을 한다.

심판이 편파 판정 논란에 휘말려 선수와 관중의 격렬한 항의를 받는 일도 비일비재하다. 따라서 심판에게는 항상 평정심과 객관성을 유지할 수 있는 정신력, 경기를 정확하게 읽어 내는 관찰력, 그리고 철저한 자기 관리로 공정한 판단을 할 수 있는 중립성이 요구된다.

그것이 알고싶다 비디오 분석관은 무슨 일을 할까?

비디오 분석관은 비디오카메라와 같은 영상 도구를 이용하여 선수들이 훈련하는 모습을 촬영하고 컴퓨터로 영상을 분석한다. 선수들의 장단점을 파악하고 경기 전략을 수립하는 데 도움을 준다. 때로는 경쟁 팀의 경기를 촬영하여 상대 팀의 약점과 전술을 분석, 경기에 대한 선수들의 이해력을 높이고 선수들이 승리할 수 있도록 도움을 준다. 심판 판정에 대한 이의 제기가 있을 때 비디오 분석을 통해 오심 여부를 가려 주기도 한다. 비디오 분석관으로 활동하려면 스포츠 분야에 대한 다양한 지식과 영상 장비 및 컴퓨터 프로그램에 대한 활용 능력을 갖추어야 한다.

3. 경기 심판에게 필요한 능력

운동 경기 중에는 심판이 선수보다 더 뛰어야 하는 종목도 많다. 경기 내내 쉴 새 없이 뛰어야 하므로 선수 못지않은 강한 체력이 필요하다. 심판은 경기 중 발생하는 양쪽 팀의 반칙이나 선수의 부상, 날씨 변화 등 여러 상황을 정확하게 판단하고 처리해야 한다. 이때, 경기의 흐름을 깨지 않도록 빠르게 결정해야 하므로, 뛰어난 상황 판단력, 돌발 상황에 대한 위기 대처 능력과 순발력 등이 필요하다.

국제 심판의 경우 영어를 비롯한 외국어 능력이 필요하다. 특히, 개최국의 언어를 이해하고 경기에 참여하는 팀이 속한 나라의 문화와 관습을 파악한다면 한층 더 원활하게 경기를 진행할 수 있다.

경기에 참여한 모든 팀이 공평하게 경기를 치르려면 심판이 중립성과 공정성을 철저히 지켜야 한다. 따라서 심판은 어떠한 상황에서도 경기 규칙에 따라 정확한 판정을 하도록 노력해야 한다. 평소 다양한 스포츠 경기에 참여하거나 경기를 관람하며 경기 심판이 하는 일을 유심히 관찰하는 것은 스포츠 감각을 기르는 데 유리하다.

4. 경기 심판과 관련된 학과 및 자격증

- **관련 학과:** 체육교육학과, 사회체육학과, 스포츠지도학과, 생활체육지도학과 등
- **관련 자격:** 운동 종목별 심판(축구, 야구, 농구, 배구, 태권도, 복싱, 탁구, 양궁 등), 국제 심판, 경기지도자, 생활체육지도자, 체육교사 등

5. 경기 심판의 직업 전망

현대 사회에서는 여가와 건강에 관한 관심이 갈수록 높아지고 있다. 국내 스포츠 경기 종목은 이미 많이 증가한 상태이므로 현재 수준을 유지할 것으로 보인다. 하지만 올림픽이나 월드컵 같은 국제적 스포츠 행사를 통해 문화 산업 분야에서 높은 부가 가치를 기대할 수 있으므로, 스포츠에 대한 국민적 관심과 투자는 증가할 것이다. 현재 경기 심판의 고용 수준이 높은 편은 아니지만, 프로 심판의 경우에는 신분과 급여가 안정적이라고 할 수 있다. 특히 국제 심판으로 진출할 경우 더욱 안정적인 신분과 지위가 보장된다.

심판은 경기에 직접 참여하는 경우가 많으므로 강인한 체력이 요구된다. 이 때문에 정년이 보통 50세 정도로 다른 직업군에 비해 짧은 편이라고 할 수 있다. 하지만 스포츠 산업이 꾸준히 발전하고 다양화되면서 경기를 공정하게 치르기 위한 전문 인력 양성 및 심판의 업무 환경 개선을 위한 사회적 요구가 점차 높아지고 있다. 앞으로 심판의 인력 수요는 더욱 증가할 것이므로 스포츠 선수에 버금가는 대우와 인기 상승이 기대된다.

경기 심판

경기 심판이 되기 위해서는 고등학교 졸업 이상의 학력이 요구되지만, 전문대학이나 대학교의 체육 관련 학과를 졸업하는 것이 유리하다. 종목에 따라 조금씩 차이는 있지만, 경기 심판은 선수와 같은 체력이 요구된다. 따라서 경기 심판이 되려면 아마추어 팀이나 프로팀의 선수로서 활동 경험을 쌓는 것이 유리하다.

프로 경기 협회 및 검증된 교육 기관에서는 심판이 되길 원하는 운동선수나 체육 전공자들을 대상으로 심판 교육을 주관한다. 심판 지망자는 일정 기간 교육을 받고 자격을 이수한 후 실기시험과 필기시험을 치러야 한다. 대한 축구 협회의 경우 1급~4급의 심판 자격을 운영 중이며, 이 중 1, 2급은 K리그 심판으로 활동할 수 있다. 프로 야구의 경우 KBO 심판 학교에서 시행하는 일반 과정(10주), 전문 과정(5주)의 프로그램을 이수할 수 있다. 일반 과정을 우수하게 수료한 경우에는 KBO 또는 대한 야구 소프트볼 협회 심판으로 선발하기도 한다.

심판 자격증을 취득한 후에는 아마추어 경기 심판으로 실전 경험을 쌓은 후, 경기 감독관의 평가 및 협회의 추천을 받아 프로 경기의 심판이 될 수 있다. 프로 운동 경기 심판이나 국제 심판의 경우 별도의 체력 테스트를 통과해야 하며, 국제 심판의 경우에는 경기 규칙에 대한 이론 시험이 영어로 출제되므로 영어 실력을 갖추어야 한다.

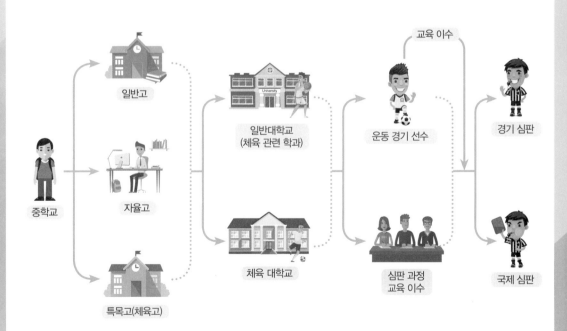

🔵 경기 심판의 커리어 패스

체육학과

학과 소개

체육학과는 신체를 단련하기 위한 전문적인
교육 과정을 제공한다. 체육학 이론은 물론 다양한
운동 경험을 할 수 있는 교육환경을 통해,
전문적인 이론과 지식, 실기 능력을 함양하여 우수한 전문
체육인을 양성한다. 또한, 체육학을 전공하는 학자를 배출
하고 지도자 및 교육자를 양성하여 스포츠 발전에
공헌할 수 있는 전문가로 성장하도록 한다.
스포츠에 대한 관심과 관련 산업이 확대됨에 따라
건강한 삶을 유지하기 위한 체육 인재를 배출
하여 국민의 건강과 스포츠 발전에
기여하는 데 목적이 있다.

진출 직업

스포츠 해설가, 스포츠 센터
강사, 스포츠 에이전트, 전문 스카우트,
스포츠 에이전트, 스포츠 매니저, 비디오
분석관, 감독, 코치, 프로 선수, 스포츠
지도자, 스포츠 마케터, 스포츠 카운슬러,
스포츠 트레이너, 스포츠 기록 분석
연구원, 체육 교사, 야외 활동
지도사 등

적성 및 흥미

기본적으로 운동을 좋아하고
스포츠에 관심이 많아야 한다. 다양한 운동
기능을 습득할 수 있도록 운동 능력과 강한 체력이
있어야 하며, 각종 운동 경기를 경험하고 훈련을
감당해야 하므로 인내심과 승부욕 또한 필수이다.
최근에는 과학적으로 스포츠에 접근하여 분석하는
과정이 강조되고 있으므로, 신체에 대한 전반적인
이해 및 스포츠 관련 학문에 대해 넓은 시야를
갖추고 다양한 체육 관련 정보와 스포츠
관련 사업에 관한 자료를 많이
접하면 더욱 좋다.

중·고등학교
학교생활 포트폴리오

자격 및 면허

경기지도자,
국제심판자격,
생활체육지도자, 사회체육지도자,
스포츠경영관리사,
운동처방사, 퍼스널트레이너,
중등2급정교사자격, 태권도나
유도의 단증 등

진출 분야

★정부 및 공공 기관★
국제 연맹 및 산하 단체 국·공립 기관
체육 행정직, 체육 연맹(축구, 야구, 농구, 배구,
태권도), 국제기구 체육 관련 실무직 및 지도자 등
★기업체★
사회 체육 단체, 스포츠 센터, 병원 및 의료 기관의 운동
재활 센터, 기업의 운동팀 및 프로 구단 등
★교육 기관★
중·고등학교, 대학교, 태권도장과 같은 각종
신체 단련 학원, 각종 선수 양성 기관

관련 학과

체육교육학과,
레저스포츠학과, 사회체육학과,
산업스포츠학과, 생활체육지도학과,
생활체육학과, 국제스포츠레저학부,
스포츠과학과, 스포츠지도학과,
스포츠청소년지도학과, 운동건강학과, 유도학과,
유도경기지도학과, 축구학과, 태권도학과,
태권도경기지도학과, 특수체육교육학과,
해양스포츠학과, 해양체육학과 등

★동아리 활동★

체육 관련 동아리 활동을 통해 전공과 관련된 지식과 경험을 쌓을 것을 권장한다.

★봉사 활동★

지속적인 봉사 활동을 통해 인내심을 기를 수 있도록 한다. 시에서 운영하는 스포츠팀이나 경기장, 스포츠 센터 및 의료 기관 등에서 봉사 활동을 해 보는 것도 좋다.

★독서 활동★

인체나 스포츠와 관련된 기초적인 서적을 포함하여, 최신 경기 동향이나 스포츠 관련 사업 등에 관한 자료를 꾸준히 읽을 것을 권장한다.

★교과 공부★

스포츠 관련 행사에 적극적으로 참여하고, 체육 교과를 통해 기초 지식을 익히고 신체를 단련하도록 한다. 또한, 건강 증진을 위한 프로젝트를 구상하여 시도할 것을 추천한다.

★교외 활동★

외부의 체육 관련 행사에 참여하거나 스포츠 경기를 관람하는 등 각종 스포츠 관련 단체에 참여한 경력도 도움이 된다.

※교내외 스포츠 관련 행사 및 대회에 적극적으로 참여한 경험과 준비 과정도 많은 도움이 된다.

03 교도관

관련 학과
교정보호학과
32쪽

1. 교도관의 세계

교도소에 대해 사람들이 가지고 있는 이미지는 회색빛 건물, 창살, 죄수복 등 부정적인 것이 대부분이다. 교도관 또한 선고를 받고 형기 중에 있는 자들을 무력으로 억압하는 이미지가 강하다. 교도관의 의미를 글자 그대로 풀어 보면 바로잡을 교(矯), 이끌 도(導), 벼슬 관(官)이다. 즉, 잘못된 길로 들어선 재소자를 올바른 길로 인도해 주는 직업이라는 뜻이다. 현대적 의미의 교도관은 재소자들이 사회에 적응할 수 있도록 사회 복귀를 지원하는 교정 · 교화의 역할을 수행한다.

재소자의 잘못된 품성이나 행동을 바로 잡음.
가르치고 이끌어 좋은 방향으로 나아가게 함.

정부는 교정 관련 종사자들의 사기를 높이고 재소자들에게 동기를 부여하기 위해 매년 10월 28일을 '교정의 날(국가 기념일)'로 제정하였다. 교도소는 재소자들을 처벌하는 기관이라기보다는 그들이 사회 적응력을 길러 건전한 시민으로 사회에 복귀할 수 있도록 도와주는 사회화 기관이다. 교도관 역시 직업 훈련과 취업 연계 교육을 지원하여 재소자들이 성공적으로 사회에 복귀할 수 있도록 노력한다. 하지만 아직도 교도관이라는 직업에 대한 부정적인 인식이 남아 있으므로, 교도관의 사기를 높이고 작업 환경을 개선하기 위해 제도적인 노력이 계속되고 있다.

법무부에서도 재소자의 내면을 변화시키기 위하여 인성 교육을 집중적으로 지원한다. 관련 전문가들과 재능 기부자들을 통해 긍정적 심리, 스트레스 관리, 대인 관계 훈련 등의 프로그램을 제공한다. 선고를 받고 교도소에 수용될 때 느끼는 재소자의 죄책감과 수치심, 교도관에 대한 반항심과 두려움을 긍정적인 마음으로 바꾸고, 재소자들이 마음을 열고 교육에 참여할 수 있도록 지원하는 것이 교도관의 역할이다. 모두가 잘 사는 사회, 행복한 국가는 사회 구성원이 각자 맡은 역할을 잘 수행할 때 가능하다. 교도관은 사회에 적응하지 못하고 돌이킬 수 없는 실수로 수감 생활이 결정된 재소자들에게 재도약과 갱생의 기회를 제공하여 건전한 시민의 역할을 이행할 수 있게 노력하는 조력자

↳ 마음이나 생활 태도를 바로잡아 본디의 옳은 생활로 되돌아가거나 발전된 생활로 나아감.

이다.

그것이 알고싶다 교정 시설에는 어떤 사람들이 근무하는가?

구치소와 교도소 등의 교정 시설은 법무부 교정 본부의 관리를 받는다. 교정 시설에는 수감자들을 관리하는 교도관 외에도 여러 분야의 인력들이 근무하며 수감자들의 재활과 교정을 돕는다.

임상 심리 전문가와 상담사는 수감자의 정신 보건 분야를 담당한다. 이들은 수감자들이 개인적 고민이나 심리적 어려움을 해결하여, 시설에 적응하도록 돕는 역할을 한다. 수감자들의 신체적 건강을 점검하고 치료하는 간호사나 사회 복지사도 교정 시설에서 근무한다. 이밖에 외국어, 전산, 방송 분야 등의 인력을 두는 곳도 있다.

2. 교도관이 하는 일

교도관은 법무부 소속으로 교정 본부 또는 각 지역의 교도소나 구치소 등에서 근무하는 공무원이다. 교도관이 하는 일은 크게 교도소의 치안을 확보하는 보안 업무와 행정 사무 업무로 구분된다. 교도관은 보완을 위해 주요 시설을 점검하고 재소자들을 감시하

고 관리한다. 또한, 일반 행정 업무를 진행하고, 재소자들의 신상, 재판 기록, 형기 등을 기록하고 재소자의 접견을 담당하기도 한다.

재소자가 바람직한 자세를 가질 수 있도록 지도한다.

재소자가 건전한 사회 구성원으로 복귀할 수 있도록 교육 프로그램을 제공한다.

재소자 간의 갈등을 중재하고 지속적인 상담 활동을 한다.

재소자의 건강 관리를 위해 침구류, 거실, 의류, 개인위생 등을 검사한다.

재소자의 도주와 자해 행위 등을 예방하기 위해 순찰 활동을 한다.

법정 출두 및 수용 기관 이동 시에 재소자의 호송 업무를 담당한다.

교도관

돌발 상황에 대비하기 위해 유해 물질 반입이나 무기 소지 등을 감시한다.

교도관은 재소자가 움직일 때마다 항상 동행하므로, 휴대전화, 담배, 라이터 등의 물품을 시설에 들여올 수 없다. 이것은 금지 물품이 재소자에게 전달되는 것을 예방하려는 조처이며, 또한 사소한 것도 놓칠 수 없는 긴장된 근무 환경 때문이기도 하다.

법무부는 교도관의 업무량을 조절하고 근무 환경을 개선하기 위해 2014년부터 근무 시간을 3부제에서 4부제로 조정하였다. 비록 주말이나 명절에 출근할 수 있는 단점도 있지만, 교도관의 근무 환경 개선을 위한 지속적인 노력의 결과다. 교도관이라는 직업의 장점은 무엇보다도 신분이 보장된 공무원이라는 것이다. 따라서 최근 교정직 시험의 경쟁률도 높아지는 추세다.

 **교정 사회 복지사는 무슨 일을 할까?**

교정 사회 복지사는 사회 복지사 1급 자격증 소지자 중, 법무부 산하에 있는 교정 사회 시설에서 비행 청소년이나 가출 청소년 또는 범죄인들을 면담하고 교화 프로그램을 진행한다. 미성년자가 재판을 받을 때 동행하여 교도소 대신 소년원에 갈 수 있도록 요청하는 일을 하고, 교정 시설 내의 교도관과 재소자 간의 관계를 연결하고 중재하는 역할도 한다. 또한, 재소자가 성공적으로 사회에 복귀할 수 있도록 교도관과 협력하여 상담과 교육을 담당한다.

3. 교도관에게 필요한 능력

교도관은 '사람은 누구나 긍정적 변화가 가능한 존재'라는 인식을 해야 하며, 이러한 인식을 바탕으로 재소자들을 배려하고 바른길로 안내할 수 있어야 한다. 따라서 동료 교도관과 재소자를 진심으로 대할 수 있는 따뜻한 마음의 소유자여야 한다. 또한, 재소자들이 마음을 열고 스스로 변화하기까지 끊임없는 관심과 인내심을 지녀야 한다.

교도소에서는 때때로 재소자들의 공격이나 반항 등과 같은 갈등 상황이 일어나므로, 긴급한 상황에서의 대처 능력과 순발력, 긴장을 늦추지 않는 철저한 주의력이 요구된다. 또한, 재소자들을 항상 관리·감독하는 업무의 특성상 육체적·정신적으로 지칠 수 있기 때문에, 재소자가 저지른 특정 사건에 지나치게 몰입하거나 스트레스를 받지 않도록 긍정적인 마인드를 함양해야 한다. 무엇보다도 중요한 것은 죄를 판단하기에 앞서, 사람에 대한 사랑과 배려 그리고 인간애를 우선하는 것이다.

4. 교도관과 관련된 학과 및 자격증은?

- **관련 학과:** 교정보호학과, 경찰행정학과, 교육학과, 교육심리학과, 사회복지학과, 상담심리학과, 심리학과, 행정학과, 법학과 등
- **관련 자격:** 교정직 공무원 자격증 7급·9급, 법무사, 무도자격증(태권도, 유도)

5. 교도관의 직업 전망

정보 통신 기술이 발전하면서 이와 관련된 지능형 범죄가 늘어나고 있으며 범죄의 양상 또한 다양해지고 있다. 사회가 점점 복잡해지고 공동체 의식이나 인간관계가 약해짐에 따라 범죄가 계속해서 증가할 것으로 예상되며, 교도관의 고용도 증가할 것으로 보인다.

현재 우리나라의 교도관 1인당 재소자 수는 3.1명으로(2014년 기준) 선진국에 비해 교도관의

수가 부족한 상황이다. 또한, 재사회화 기관으로서 교도소의 역할이 강조되면서 교정 업무뿐만 아니라 교화 및 상담, 직업 훈련과 관련된 수요도 늘어나고 있다. 신분이 보장된 공무원이라는 점과 4교대 전환 등 교도관의 근무 환경을 개선하려는 노력에 힘입어 교도관에 대한 인식도 긍정적으로 변화하는 추세다.

그것이 알고싶다 인공 지능이 발달하면 교도소는 어떻게 변화할까?

◐ 우리나라에서 개발되어 배치하려 했던 로봇 교도관

인공 지능의 발달은 교도관의 역할에 어떤 영향을 미칠까? 만일 로봇 교도관이 개발되어 현장에 배치된다면 교도소 시설을 점검하고, 재소자의 일정을 안내하며, 이상 징후를 파악하는 등 교도소를 효율적으로 운영하는 데 도움이 될 것이다.

우리나라도 교도관의 단순 업무를 대체할 목적으로 교정 지원 서비스 로봇을 개발한 적이 있다. 현재는 로봇 교도관과 재소자 사이의 감정 공유 및 관계 문제 때문에 개발이 중단된 상태다. 하지만 인공 지능 로봇에 관한 연구가 활발히 진행되고 있으므로, 로봇 교도관이 개발된다면 교도관의 단순 업무 경감에 많은 도움을 줄 것이다. 이에 따라 교도관은 재소자의 교정·교화 및 상담 업무에 집중할 수 있을 것으로 예상된다.

교도관

교도관이 되는 데 필요한 학력 제한은 없으나, 교정학과 법률에 관한 과목을 평가하므로 관련 분야를 전공하면 유리하다. 교도관이 되기 위해서는 행정 안전부에서 실시하는 7급 및 9급 교정직 공무원 공개경쟁 채용 시험에 합격해야 한다.

시험은 필기시험→실기(체력) 시험→면접시험 순으로 진행되며 일반 채용과 특별 채용으로 구분된다. 일반 채용은 학력이나 경력에 상관없이 시험에 응시할 수 있다. 체력 검사에서는 20m 왕복 달리기, 악력(손으로 물건을 쥐는 힘), 윗몸일으키기, 10m 2회 왕복 달리기로 총 4종목이 진행되고 합격자에 한해 면접시험에 응시할 수 있다.

임상 심리, 상담 심리, 사회 복지 등 분야는 특별 채용을 하기도 한다. 특별 채용의 경우, 전문대학이나 대학교에서 행정학, 경찰행정학, 법학, 사회복지학, 상담심리학, 교육학 등을 전공하면 유리하고, 관련 자격증도 있어야 한다.

교도관으로 채용되면 법무 연수원에서 교육 · 훈련을 받은 후 교도소나 구치소에서 근무하게 된다. 교도관의 임금과 복리후생은 다른 직업과 비교하여 다소 높은 편이다. 또한, 신분이 보장되므로 고용이 매우 안정적이다

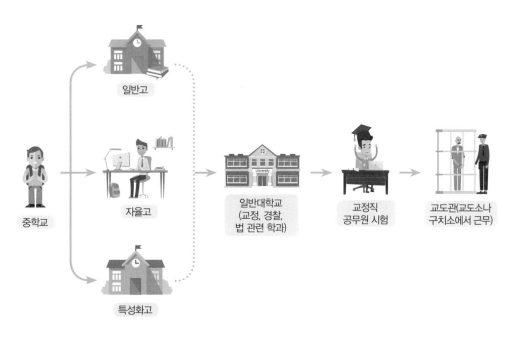

🔼 교도관의 커리어 패스

교정보호학과

학과 소개

교정학은 수감자가 성공적으로 사회
복귀를 도모할 수 있도록 교정 · 교화를 위해
과학적 이론과 경험을 연구하는 학문이다.
형사 사법학, 법학, 사회학, 심리학, 사회복지학, 교육
학 등 사회 과학 분야와 학제적 연구(서로 다른 여러
학문을 연결하여 연구함)를 통해 범죄 문제에 대한
해결책을 모색한다. 급증하고 있는 범죄를
예방하여 정의로운 사회에 기여하고,
범법자의 재사회화를 위한
전문가를 양성한다.

진출 직업

보호 관찰관, 법무부 교정직 및
보호직 분야의 공무원, 검찰
사무직, 법원 서기직 등

관련 학과

경찰행정학과,
경찰행정법학과,
경호학과, 교육학과,
사회복지학과, 상담심리학과,
행정학과,
법학과 등

자격 및 면허

교정직공무원자격
7 · 9급, 보호직 7 · 9급,
검찰사무직 5 · 7 · 9급

★동아리 활동★

상담 관련 동아리 활동을 통해 다양한 사람들을 만나고, 상담 경험을 바탕으로 공감 능력과 상담 능력을 기르는 것이 좋다.

★봉사 활동★

사회적 약자를 위한 지역 아동 센터 및 보육원 등에서 지속적으로 봉사 활동에 참여한다.

진출 분야

★정부 및 공공 기관★
교도소, 구치소, 법원 등

★기업체★
민영 교정 시설 및 유관 종교 단체

★연구소★
한국 형사 정책 연구원, 청소년 개발원 등
범죄 및 청소년 문제 관련 연구소

★독서 활동★

교육, 심리, 사회 과학 관련 독서 활동 등을 통해 사회 문제와 인간 행동 및 심리학에 대한 지식을 쌓을 것을 권장한다.

적성 및 흥미

★교과 공부★

사회와 윤리 교과 수업 활동에서 사회 현상에 대한 이해와 철학적 사고를 배양할 수 있도록 노력한다.

사회 문제와 그 해결책에 대해 깊게 고민하고, 참여하려는 의지가 있어야 한다. 교정학에서 다루는 연구 분야는 사회에 적응하지 못하는 사람을 대상으로 하므로, 개인의 이익보다는 사회 정의를 추구하는 열의와 사명감이 있어야 한다. 또한, 사람들을 가르치고, 상담하고, 올바른 길로 안내하는 일을 해야 하기 때문에 인내심과 투철한 책임감, 사람에 대한 깊은 애정이 필요하다.

★교외 활동★

교도소 체험 활동 및 인성 함양 프로그램에 참여해 볼 것을 추천한다.

※봉사상이나 선행상 등의 수상 실적이나, 다문화 사회를 대비하여 외국어 경진 대회에 참여한 경험도 도움이 된다.

04 국제회의 전문가

관련 학과
컨벤션경영
학과
40쪽

1. 국제회의 전문가의 세계

선진 7개국 정상 회담(G7)과 유럽 연합(EU) 의장국 그리고 신흥
시장 12개국 등 세계 주요 20개국을 회원으로 하는 국제기구

아시아 · 태평양 경제 협력체(ASIA–PACIFIC ECONOMIC COOPERATION),
아시아 · 태평양 지역의 경제 협력 증대를 위한 역내 정상들의 협의 기구

최근 우리나라에서는 G20 정상 회담, APEC 정상 회의 등 중요한 국제회의가 꾸준

히 개최되고 있다. 세계적 수준의 국제회의를 성공적으로 마무리하면서, 국제회의를 진

행하는 수준이 높다는 평가도 받고 있고 이에 따라 국제회의 전문가에 대한 관심도 높아

지고 있다. 국제회의 전문가는 국제회의의 유치에서부터 마무리까지 국제회의 진행 과

정의 모든 것을 책임지고 총괄하는 사람이다. ↳ 행사나 사업 따위를 이끌어 들임

회의(MEETING), 포상 관광(INCENTIVES), 국제회의(CONVENTIONS), 이벤트와 전시회(EVENTS & EXHIBITION)의 첫 자를 딴 명칭

최근 마이스(MICE) 산업의 경제적 파급 효과에 힘입어 많은 나라가 국제회의를 유치

하려 노력하고 있고, 국제회의 전문가 역시 주목받는 직업으로 떠오르고 있다. 국제회의

전문가는 주로 코엑스, 엑스코, 벡스코 등의 컨벤션 센터에서 활약한다.

유창한 영어 실력을 뽐내며, 각국의 정상들과 회의 참석자들을 맞이하는 국제회의 전문가는 선망의 대상이기도 하지만, 국제회의의 조직, 홍보 및 진행 등 모든 것을 관리해야 하므로 정신적으로나 육체적으로 고된 직업이다. 하루밖에 열리지 않는 회의라도 최소 6개월부터 1년~2년간 준비를 해야 하고, 회의의 규모가 클수록 그 준비 기간은 더 늘어난다.

그러나 세계적 저명인사들을 상대로 멋지게 국제회의를 유치했을 때의 성취감과 만족감을 통해 국제회의 전문가들은 자기 직업에 높은 자긍심을 갖게 된다. 다양한 직업군의 사람들을 상대로 자신이 기획한 회의를 성공적으로 마무리했을 때의 기쁨은 이루 말할 수 없을 것이다. 대다수의 국제회의 전문가들은 이 순간의 짜릿함이 일을 계속할 수 있는 원동력이라고 말한다.

현대 사회의 문제들은 특정 국가가 스스로 해결할 수 있는 것보다 여러 국가 간 협의와 협력을 통해 해결해야 하는 것이 대다수이다. 이에 따라 세계 각국에서 국제회의가 자주 열리는 추세이며, 민간 외교관 역할을 겸비하는 국제회의 전문가의 중요성도 한층 높아지고 있다.

🤖 그것이 알고싶다 국제회의에는 어떤 것이 있을까?

국제회의는 민간 회의, 특정 단체나 업계 간 회의, 정부 간 회의 등 여러 형태가 있다. 이 중 정부 간 회의는 정치적 목적을 위한 회의(강화 회의, 휴전 회의 등), 국제기구의 정례 회의(유네스코 등의 연차 총회)와 특수한 기술적 목적을 위한 회의(국제 어업 협정 체결을 위한 회의 등)로 구분할 수 있다.

오늘날 국제회의가 빈번해지면서 '회의 외교(diplomacy by conference)'의 중요성이 더욱 커지고 있다.

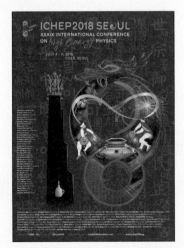 

🔵 국제회의 개최를 알리는 포스터

2. 국제회의 전문가가 하는 일

국제회의 전문가는 국제회의의 기획, 유치, 준비, 진행 등 관련된 모든 업무를 조정하고 운영한다. 국제회의를 기획하고 개최하기 위해 관련 업체 및 후원자를 섭외하는 일에서부터 회의를 유치하기 위한 제안서 작성 및 회의 참가자들의 수속, 숙박, 관광에 이르기까지 모든 것을 진행하고 총괄한다. 따라서 국제회의 전문가는 우리나라를 방문한 세계 여러 나라의 회의 참석자들이 편안하게 회의에 참석하고, 원활하게 회의가 진행되어 문제를 해결할 수 있도록 노력하고 배려하는 자세를 지녀야 한다.

국제회의를 주최하기 위해 제안서를 작성한다.

관련 업체 및 후원자와 규모와 예산을 논의한다.

회의의 콘셉트를 기획하고, 형식과 행사 규모를 정한다.

회의 참가자들의 수속과 등록, 숙박, 행정, 관광 등을 준비한다.

국제회의를 홍보하여 많은 사람이 참석할 수 있게 한다.

통역사 및 경호원과 같은 행사 진행 인력을 모집하고 지휘, 감독한다.

국제회의 전문가

국제회의 전문가는 회의 진행을 위한 업무뿐만이 아니라, 참석자들의 전체 일정까지 관리하고 책임져야 한다. 때로는 과중한 업무에 시달리기도 하고, 다양한 직군의 사람들과 소통하며 역할을 분담하여 진행해야 한다는 부담감에 힘이 들지만, 각국의 정상들과 나라를 대표하는 중요한 회의를 마무리했을 때에는 큰 만족감과 성취감을 맛보게 된다. 따라서 국제회의를 성공적으로 유치하고 마무리하기 위해서는 국제회의 전문가의 세심한 배려와 원활한 진행이 필요한 것이다.

그것이 알고싶다 국제회의 전문가의 파트너, 동시통역사에 대해 알아볼까?

국제회의에서 동시통역사는 통역과 회의 진행을 함께 한다. 통역을 잘하기 위해서는 언어 능력이 필수이고 특히, 국제회의나 콘퍼런스에서 다루는 전문적인 내용을 통역하려면 해당 분야의 주제를 이해하기 위해 항상 공부하는 자세가 필요하다. 또한, 동시통역사는 즉각적으로 통역을 진행하기 때문에, 해당 나라의 문화와 사고방식과 전문 지식을 이해하고 있어야 한다. 따라서 다양한 문화에 관해 탐구하는 자세가 필요하며, 논리적으로 글을 요약하고 발표하는 연습을 통해 언어 전달 능력을 키워야 한다.

3. 국제회의 전문가에게 필요한 능력

국제회의 전문가는 회의 참석자는 물론 회의를 준비하는 과정에서 다양한 직종의 사람들과 끊임없이 소통해야 하므로 기본적으로 사람을 상대하는 일을 좋아해야 한다. 즉, 사람들과 관계를 맺고 이견을 조율할 수 있는 대인 관계 능력과 의사소통 능력이 필요하다. 회의를 진행하며 함께 참여하는 스태프(staff)들을 관리하고, 다수의 스태프가 서로 협업하여 조직적으로 업무를 수행할 수 있도록 리더십을 발휘해야 한다.

철저한 계획과 일정에 따라 업무가 진행되므로 작은 실수라도 회의 진행에 큰 차질을 줄 수 있다. 치밀하게 계획을 세우고, 실수를 줄이기 위해 몇 번이고 일정과 진행 과정을 확인하고 점검하는 계획적이고 꼼꼼한 성격이 요구된다.

또한, 세계 여러 나라의 사람들을 상대하는 직업이기 때문에, 회의 참석자들과의 원활한 의사소통을 위한 뛰어난 외국어 능력을 갖추어야 하고, 각 나라의 환경과 예절에 맞는 비즈니스 매너를 지녀야 한다. 평소 열린 자세로 꾸준히 외국의 풍습과 역사 등을 공부하면서 국제 감각을 갖추려 노력한다면 더욱 유리할 것이다.

4. 국제회의 전문가와 관련된 학과 및 자격증

- **관련 학과:** 컨벤션경영학과, 경영학과, 관광경영학과, 국제경영학과, 호텔경영학과, 관광컨벤션학과
- **관련 자격:** 컨벤션기획사 1, 2급

5. 국제회의 전문가의 직업 전망

　최근 많은 나라에서 국제회의, 박람회, 전시회 등 각종 국제 행사를 유치하려고 노력하고 있다. 대개 국제회의 참석자들의 1인당 소비 규모는 일반 관광객의 소비 규모보다 훨씬 큰 편이므로, 회의 개최국의 경제에도 긍정적 영향을 끼친다. 회의 개최국은 관광 수익뿐만 아니라 국제 교류에 따른 일자리 창출 효과도 얻을 수 있다. 또한, 각국에서 사회적으로 왕성하게 활동하는 사람들이 개최국을 방문하기 때문에 국제회의를 여는 것만으로도 홍보 및 마케팅 효과를 기대할 수 있다.

　오늘날 글로벌화가 빠르게 진행되면서 정보를 교류하는 국제회의도 많이 열리고 있

다. 그리고 마이스(MICE) 산업이 각종 부가 가치를 창출하는 사업으로 주목받고 있어 정부 차원의 지원과 노력도 집중되고 있다. 국제회의 전문가는 비록 근무 시간이 불규칙하고 업무가 방대하다는 단점은 있지만, 다양한 분야의 유명한 사람들과 직접 교류하면서 경력을 쌓을 수 있을 뿐 아니라 여러 전문적 업무를 진행하면서 개인적인 능력을 발전시킬 기회가 많은 직업이므로 그 전망은 매우 밝다.

그것이 알고싶다 마이스 산업에 대해 알아볼까?

　회의(meeting), 포상 관광(incentives), 국제회의(conventions), 이벤트와 전시회(events & exhibition)의 첫 자를 따서 마이스(MICE) 산업이라 한다. 엑스포와 같은 박람회 혹은 국가 정상회의를 비롯한 각종 국제회의를 개최하는 것, 여러 가지 산업의 교류 모임, 이벤트, 전시회 등을 개최하는 산업을 의미한다. 일반 관광객뿐만 아니라 비즈니스 관광객들의 방문으로 인해 높은 부가 가치를 창출하는 산업으로 떠오르고 있다.

국제회의 전문가

일반적으로 4년제 대학 졸업 이상의 학력을 요구하며, 대학이나 대학원에서 컨벤션 산업 및 경영에 관해 공부하거나 대학 부설 직업 훈련 기관에서 국제회의 전문가 및 컨벤션 전문가 과정을 이수하면 된다. 국내에는 국제회의 전문가를 양성하는 국제 대학원이 있고, 관광 대학원에도 국제회의 관련 전공이 개설된 곳이 많다. 전문 실무 교육 기관인 국제회의 전문가 교육원에는 컨벤션 기획사 양성 과정이 개설되어 있고, 대학에도 컨벤션 산업 관련 과정이 개설된 곳이 있다.

국가 정상회의, 학술회의, 박람회 등 각종 국제회의를 준비하고 진행할 수 있는 실력이 요구되므로 현장 진행과 관련된 경험을 쌓는 것이 중요하다.

관련 자격증으로는 문화 체육 관광부에서 주관하고 한국 산업 인력 공단에서 시행하는 컨벤션 기획사 1급과 2급이 있다. 필수는 아니지만, 기본적인 실력을 검증받을 수 있으므로 자격증을 취득하는 것이 좋다. 2급의 경우 응시 자격에 특별한 제한이 없지만 1급은 2급 자격을 취득한 후, 3년~4년 이상 실무에 종사한 경력이 있어야 한다. 시험은 필기시험과 실기시험으로 시행된다. 2급의 경우 필기시험은 컨벤션산업론, 호텔관광실무론, 컨벤션영어 과목을 실시하고, 실기시험은 기획서 작성과 **영문 서신**을 포함하는 컨벤션 실무 과정에 통과해야 한다.

> 영문으로 작성한 편지 형식의 문서로 기업 간에 업무 진행이나 계약과 관련하여 발송한다.

국제회의 전문가는 정부의 컨벤션 관련 기관에서 공무원으로도 일할 수 있고, 특정 기업에 소속되어 컨벤션 기획을 담당하기도 한다. 또, 회의가 있을 때마다 프리랜서로 활동하기도 한다.

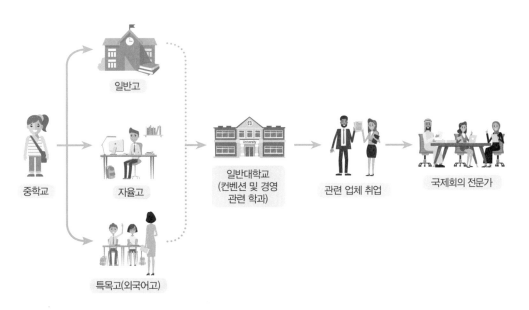

일반고

중학교 · 자율고

특목고(외국어고)

일반대학교
(컨벤션 및 경영
관련 학과)

관련 업체 취업

국제회의 전문가

🔹 국제회의 전문가의 커리어 패스

컨벤션경영학과

학과 소개

마이스(MICE) 산업에 대한
이해를 바탕으로 국가와 지역 사회의
경제 활성화를 위해 마이스 산업과 경영학을
융합한 복합적 이론과 현상을 연구한다. 경영학적
지식 및 기법들과 마이스 관련 기업의 사례와
연구를 동시에 시행하고 학습하여, 풍부한
실무 경험을 익힐 수 있게 한다.
국가 및 각종 단체와의 원활한 교류를 위해
국제 감각과 창의적 기획력, 경쟁력을 갖춘
국제회의 전문가 및 컨벤션 기획자 등의
인재 양성을 목표로 한다.

관련 학과

컨벤션경영학과, 경영학과,
관광경영학과, 국제경영학과,
국제사무학, 국제지역학,
호텔경영학과, 관광컨벤션학과,
광고홍보학과 등

진출 직업

국제회의 전문가,
국제 전시 전문가, 컨벤션
기획자, 행사 기획자, 마케팅
기획자, 이벤트 디렉터,
이벤트 플래너 등

자격 및 면허

컨벤션기획사
자격 1급, 2급

★동아리 활동★

동아리나 학급의 대표로서 행사를 계획하여 콘셉트를 짜거나 실제로 행사를 진행하고, 예산을 관리하는 등 다양한 활동에 참여해 보는 것도 좋다.

★봉사 활동★

각종 행사의 운영진이나 자원봉사자로 꾸준히 참여할 것을 권장한다.

★공공 기관★
한국 관광 공사, 공기업,
지방 자치 단체,
국회 및 정당 등

★기업체★
MICE 산업 관련 회사(국제회의
전문기획사, 행사 기획사,
컨벤션 센터 등)

진출 분야

★독서 활동★

외국 문화에 대한 간접 경험과 지식을 쌓을 수 있도록 다양한 나라의 작품을 탐독해 보는 것이 좋다.

적성 및 흥미

★교과 공부★

외국어 능력은 필수이므로, 외국어 공부에 매진한다. 영어 및 외국어 관련 자격증을 취득하는 것도 도움이 된다.

기획자는 국제회의나 전시를
기획하고 주관해야 하므로 창의력과
통솔력을 갖추는 것이 중요하다. 또한, 평소
다양한 전시회를 관람하며 많은 경험을 쌓는 것이 좋다.
기획자는 끊임없이 다양한 사람들을 상대해야 하므로
사람을 만나는 것을 좋아하고 뛰어난 대인 관계
능력과 융통성을 갖추어야 한다.
국내외의 다양한 사람들을 상대하려면 뛰어난
외국어 능력을 갖추는 것이 필수적이다. 외국어는
물론 외국 문화에 대해 꾸준하게 학습해야
하고, 다양한 문화에 대해서도 개방적
자세를 지녀야 한다.

★교외 활동★

국내에서 열리는 국제회의나 전시 및 행사에 자원봉사자로 참여하거나, 국제회의 사무국 관련 기관에서 실습 경험을 하는 것도 좋다.

※영어 실력을 발휘할 수 있는 외국어 관련 교내 대회나 모의 유엔(UN) 회의에 참가한다. 각종 컨벤션 시설을 견학하여 경험을 쌓는 것을 추천한다.

05 국회 의원

관련 학과
정치외교학과
48쪽

1. 국회 의원의 세계

법의 사전적 정의는 '국가에 의해 강제되는 사회 규범'이다. 즉, 법은 사람들이 지키도록 국가에서 정한 규칙이며, 공동체 생활의 기준이다. 국가는 법을 통해 사람들의 안전을 보장하고, 약자를 보호하며, 나아가 정의를 실현하고자 한다. 국가의 모든 사람은 법의 적용을 받으며, 법을 위반할 경우에는 그에 따른 책임을 지게 된다.

법을 반드시 지켜야 한다는 강제성을 강조하기 위해 '악법도 법이다.'라는 말이 인용되곤 한다. 그러나 일정한 기준과 공통의 가치로 공동체를 유지하기 위해, 잘못된 법이라도 반드시 지켜야 하는 것일까? 잘못된 법이 얼마나 많은 사람의 생명과 자유를 침해하는지는 히틀러의 유대인 학살과 같은 역사적 사례를 통해 얼마든지 확인할 수 있다. 그러므로 법을 지키는 것도 중요하지만 올바르고 필요한 법을 만드는 일은 더 중요하다고 할 수 있다.

고대 그리스의 도시 국가에서는 시민이 직접 정치에 참여하기도 하였다. 그러나 다양한 의견을 가진 수많은 사람이 모여 사는 현대 사회에서는 시민이 직접 정치에 참여하기가 매우 힘들다. 따라서 시민들은 자신을 대표할 수 있는 사람을 선거를 통해 선출하는데, 이렇게 선출된 대표적인 직책이 국회 의원이다.

○ 직접 민주 정치
스위스 일부 지역에서는 직접 민주 정치가 이루어진다.

우리나라 헌법 제1조는 '대한민국은 민주 공화국이며 대한민국의 주권은 국민에게 있음'을 천명하고 있다. 헌법에 명시된 대로 국회 의원은 국민의 뜻을 정책에 반영하고, 사회 갈등을 해결하며, 국민의 행복과 국가의 발전을 위해 노력해야 한다.

국회 의원의 가장 중요한 책무는 법을 만드는 것이다. 국회 의원은 입법부인 국회 소속으로, 나라의 기틀이 되는 헌법을 비롯한 각종 법률을 제정하며, 법에 따라 국가가 제대로 운영되는지 감시하는 역할을 한다. '국민의, 국민을 위한, 국민에 의한 정부'를 만들겠다는 링컨의 연설처럼, 국회 의원은 국민을 대신하여 국민의 권리와 민주주의 질서를 지키기 위한 법을 만들고, 그 법이 현실에 잘 적용되도록 책임지는 사람이다.

국회 의원이 입법 활동을 하는 주 무대는 국회 의사당이다. 우리나라 국회 의사당은 통일을 대비하여 지하 1층, 지상 7층으로 세워졌는데, 의사당 건물로는 동양 최대 규모를 자랑한다. 국회 의사당 건물은 24개의 기둥으로 둘러싸여 있는데, 이는 24절기, 하루 24시간을 뜻한다. 24절기 24시간 내내 국민을 위해, 국민을 항상 생각하며 의견을 수렴하겠다는 의미를 담고 있다.

🤖 그것이 알고싶다 삼권 분립의 의미를 알아볼까?

우리나라는 국가 권력이 한곳에 집중되지 않도록 삼권 분립 제도를 채택하고 있다. 이것은 민주주의 이념에 따라 정부, 국회, 법원 세 부서가 공정하고 독립적으로 일하도록 만든 제도이다.

국회 의원이 소속되어 있는 입법부는 법을 만들고 국가의 중요한 일을 결정하는 국회를 의미한다. 한편, 행정부는 법에 따라 국가를 실제로 운영하는 기관을 의미하며, 그 수장은 대통령이다. 사법부는 법을 적용하여 옳고 그름을 판단하는 기관으로 대법원과 각 지방 법원으로 구성되어 있다.

2. 국회 의원이 하는 일

국회 의원은 직무 수행 기간 중 다른 직업을 가질 수 없고(겸직 금지 의무), 부정한 청탁이나 돈을 받지 말아야 하며(청렴의 의무), 지위를 이용해 특권을 행사해서는 안 되고(지위 남용 금지의 의무), 국민의 대표로서 국민과 국가의 이익을 먼저 생각해야 한다(국익 우선의 의무).

국회에서 헌법과 법률을 개정한다.

기존의 법을 수정하거나 필요 없는 법을 삭제하기도 한다.

세금이 잘 사용되고 있는지 예산안을 심의하고, 확정한다.

외국 의회의 주요 인사들을 초청하거나, 방문하는 등 외교 활동을 한다.

국회 의원

국가의 수입 및 수출에 대한 결산을 계획하고 결정한다.

정부 운영이 잘 되고 있는지 '국정 감사'를 통해 감시한다.

'국정 감사'를 통해 잘못된 정책이 발견되면 청문회를 진행한다.

대통령이나 국무총리가 큰 잘못을 했을 때는 탄핵을 요구할 수 있다.

○ 국회 의원의 활동: 소위원회(왼쪽)와 인사 청문회(오른쪽)

국회 의원은 선거를 통해 국민으로부터 직접 선출되며, 국가의 정책을 결정하는 데 중요한 역할을 하므로, 그 자부심과 권한이 크고 사회적 지위도 높다. 우리나라는 국회 의원이 외부 압력으로부터 방해받지 않고 소신껏 자신의 능력을 발휘할 수 있도록

└→ 법을 위반하였더라도 국회 회의 기간에는 국회의 동의 없이 체포되지 않을 권리

불체포 특권과 **면책 특권**을 헌법으로 보장하고 있다.

└→ 국회 의원이 국회에서 한 말이나 투표 행위에 대하여 책임을 지지 않을 권리

국회 의원은 업무의 중요성을 인정받고 높은 사회적 지위를 누리지만, 개인적인 여가 활동은 생각지도 못할 정도로 바쁜 일정을 소화한다. 국회 의원에게는 업무 수행에 필요한 권한과 자율성이 보장된 만큼, 사회 정의 실현과 국민의 이익을 위해 소임을 다하는 책임감과 소명 정신이 필요하다. 만일 잘못된 방향으로 정책이 결정되면, 그 피해는 국민에게 돌아가므로 국회 의원의 업무에는 항상 정치적 책임과 부담이 따른다.

 **국회 의원 보좌관은 무슨 일을 할까?**

보좌관이란 상관의 일을 돕는 일을 하는 직책 혹은 관리를 의미한다. 국회 의원 보좌관은 국회에 속한 공무원으로, 국회 의원의 업무를 돕고 보좌한다. 즉, 국회 의원을 도와 선거 공약과 전략을 세우고, 언론 인터뷰 등을 준비하며, 국정 전반에 관해 정부에 의견을 묻는 질의서, 예를 들면 국정 감사와 예산 및 결산 심사, 인사 청문회 등에서 의원들이 할 질문의 원고를 작성하기도 한다. 국회 의원 보좌관은 그 업무가 매우 넓으므로 다양한 경험과 경력을 쌓을 수 있고, 보좌관 경력을 바탕으로 직접 국회 의원에 출마하기도 한다.

3. 국회 의원에게 필요한 능력

국회 의원은 그 지위를 이용하여 이익을 얻으려는 무리의 유혹에 늘 노출되어 있다. 따라서 국회 의원은 주위의 어떤 유혹에도 흔들리지 않고 자신의 이익보다 나라 전체의 이익을 먼저 생각해야 한다. 국회 의원은 그 권한과 특권이 큰 만큼 어떤 직업보다도 높은 수준의 청렴 의식과 공직 윤리를 지녀야 한다. 그리고 국민을 대표하여 국민의 의견을 정책에 반영하려는 사명감을 가져야 한다. 국민의 행복을 위해 자신을 희생하고, 외부의 압력에 흔들리지 않는 뚜렷한 주관과 강직함으로 업무를 수행하며, 국민에게 봉사하려는 마음가짐과 겸손한 태도를 지녀야 한다.

국회 의원은 또한 국민의 대표이자 대리자이므로 많은 사람을 이끌 수 있는 리더십과 좋은 정책을 분별할 수 있는 판단력, 올바른 선택을 내릴 수 있는 결단력이 있어야 한다. 국민의 요구와 목소리에 항상 귀를 기울이며 자신의 의견을 논리적으로 전달하여 상대를 설득할 수 있는 의사소통 능력과 언어 능력, 그리고 주장을 관철할 수 있는 뚝심도 있어야 한다. 법, 행정, 경제, 사회, 문화 등 사회 전반에 대한 이해와 통찰력이 필요하므로 그룹을 형성하여 캠페인 활동을 하거나, 지역 사회의 모습을 심도 있게 관찰하고

 **「목민심서」는 국회 의원에게 어떤 가르침을 줄까?**

목민심서는 조선 후기의 실학자 정약용이 목민관, 즉 지방 수령이 지켜야 할 덕목과 백성을 다스리는 데 필요한 도리를 저술한 책이다. 목민관이 청렴한 마음으로 행정을 운영한다면 태평성세(어진 임금이 잘 다스려 태평한 시대)와 같은 이상 사회를 이루어 낼 수 있다고 하였다. 목민심서는 오늘날의 공직자와 국회 의원에게도 꼭 필요한 공직자의 윤리를 담고 있다.

○ 목민심서

소외되는 사람들은 없는지, 필요한 사항은 무엇인지 늘 고민하는 자세가 필요하다.

4. 관련 학과 및 자격증은?

- **관련 학과**: 정치외교학과, 행정학과, 국제학과, 법학과, 경영학과, 경제학과, 사회학과 등
- **관련 자격**: 특정 자격 요건 없음

5. 국회 의원의 직업 전망

우리나라 헌법 제41조에는 "국회 의원의 수는 법률로 정하되, 200인 이상으로 한다."라고 명시되어 있다. 국회 의원의 숫자는 법률로 정해진 것이기 때문에, 고용 현황에는 큰 변동이 없을 것으로 예상된다.

오늘날 사회는 점점 더 세분화하고, 다양한 사회 문제가 새롭게 등장함에 따라 법적으로 보장해야 하는 사안도 증가하고 있다. 국회 의원의 주요 업무가 법을 개정하고 수정하는 일인 만큼 앞으로 국회의원이 해야 할 일도 한층 많아질 것이다.

국가의 정책과 법은 국민 삶의 질과 직결되므로, 국회 의원에게는 높은 수준의 통찰력과 윤리 의식이 요구된다. 국회 의원은 사회적인 영향력이 크기 때문에 잘못을 저지를 경우에는 비난을 받을 수도 있다. 그러나 국회 의원은 업무의 중요성과 전문성 및 독립성을 보장받고 많은 권한을 행사하며 임금도 높은 편이기 때문에 고위 공무원으로서 사람들이 선망하는 직업 중 하나이다.

그것이 알고 싶다 비례 대표제는 무엇일까?

각 지역의 지역구 후보와는 별도로 정당의 총득표수의 비례에 따라 당선자 수를 결정하는 선거 제도를 비례 대표제라 한다. 지역구 국회 의원은 득표수에 따라 선출되지만, 비례 대표제는 정당과 뜻을 같이하는 전문가나 특정한 분야(다문화 가정, 근로자, 장애인 등)를 대표하는 사람들이 그 정당의 비례 대표 후보로 선발된 후에 정당의 득표율에 따라 당선된다.

비례 대표제는 군소 정당도 득표 비례에 따라 의석을 얻을 수 있으므로 소수의 의견을 대표할 수 있고, 지역 우선주의를 막을 수 있으며, 전문가나 소외된 계층 인물들에게도 기회가 주어져 정치적 다양성을 보장하는 등의 장점이 있다. 반면에 거대 정당의 지지를 업은 부적합한 인물이 국회에 진출할 수 있고, 군소 정당의 난립으로 정국이 불안정해질 수 있으며, 지역 유권자와 의원의 친밀도가 낮아지는 등의 단점도 있다.

국회 의원

국회 의원이 되는 데 필요한 특별한 자격이나 학력 조건은 없지만, 나이는 만 25세 이상이어야 한다. 전체적으로 국회 의원의 학력과 경력을 살펴보면, 대졸 이상에 특정 분야의 전문가인 경우가 대부분이다. 국회 의원은 법, 행정, 경영, 경제, 사회, 문화 등에 대한 전반적 이해와 통찰력이 요구되기 때문에, 관련 내용을 체계적으로 배우고 정치학 및 경제, 법률, 행정, 인문학 등을 전공하는 것이 유리하다.

국회 의원이 되기 위해서는 특정 정당 또는 선거권자의 추천을 받아 선거에 출마하거나 무소속으로 선거에 출마하여 당선되어야 한다. 각 정당은 선거구별 정수 범위에서 소속 당원을 국회 의원 후보자로 추천하거나 경선(競選) 같은 민주적 절차를 거쳐 후보자를 추천할 수 있다. 무소속으로 국회 의원에 출마하려는 자는 해당 선거구에 주민 등록된 선거권자(유권자)의 추천(300~500명)을 받아야 한다. 비례 대표제에 의해 특정 정당의 비례 대표 후보에 뽑힌 후 정당의 득표율에 따라 전국구 의원이 될 수도 있다.

국회 의원은 보통·평등·직접·비밀 선거로 선출된다. 임기는 4년이며, 임기가 끝나면 다시 선거에 출마할 수 있다. 국회 의원 임기는 전체로서의 임기를 의미하기 때문에, 보궐 선거에 의한 당선된 자는 전임자의 잔여 임기 동안 국회 의원으로 재직한다.

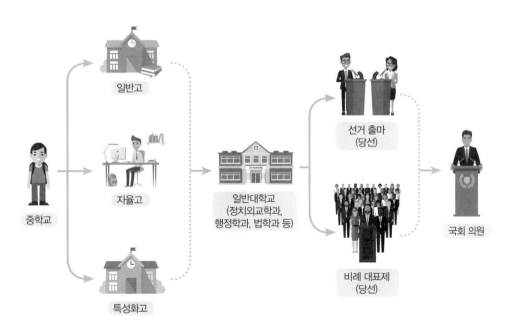

일반고

자율고

중학교

특성화고

일반대학교
(정치외교학과,
행정학과, 법학과 등)

선거 출마
(당선)

비례 대표제
(당선)

국회 의원

🔺 국회 의원의 커리어 패스

정치외교학과

학과 소개

다양한 사회 문제를 이해하고
정확히 인지할 수 있는 능력을 기를 수
있도록 정치학 및 국제관계학에 대한 전문적
지식을 배양하고, 문헌 고증을 통해 국내외
정치 및 외교 문제를 연구한다.
또한, 미래 사회의 발전을 선도할 수 있는
창조적 리더십 배양을 목적으로 세계화에 따른
각 나라들의 유기적 관계의 중요성에 대해
이해하고, 변화하는 시대 상황에
능동적으로 대처할 수 있는 인재
양성을 목표로 한다.

진출 직업

대통령, 국회 의원, 지방 의원,
외교관, 행정 공무원, 정부 부처의 정책
실무자, 청와대 행정 요원, 고위 공직자
및 비서, 국회 의원 보좌관, 기자, 시사
비평가, 사회단체 활동가, 지역 행정가,
정치 사회 연구원, 환경 단체
연구원 등

관련 학과

정치행정학과,
정치안보국제학과,
정치언론홍보학과,
정치언론국방학과, 행정학과,
법학과, 사회학과,
사회복지학과 등

특정 자격
요건 없음

자격 및 면허

★정부 및 공공 기관★
중앙 정부 및 지방 자치 단체, 국립연구원,
통일연구원, 한국국방연구원, 한국국제협력단 등
★기업체★ 각 방송사 및 신문사의 기자 등

★연구소★
정부 연구소 및 민간 연구소(국제 협상 전략 연구소,
남북 전략 연구소, 사회 정책 연구소,
정치 문화 연구소 등)

★기타★
각 정당 및 국회

진출 분야

적성 및 흥미

정치외교학은 국내는 물론
해외의 다양한 정치 및 사회 문제를
연구하는 분야이다. 따라서 국내외의 다양한
정치 · 사회 · 경제 문제에 대한 관심, 정치적 현상을
분석할 수 있는 판단력과 분석 능력 등이 필요하다.
여러 나라의 정상들과 만나 협상을 할 경우도 있으므로,
사람을 만나는 것을 좋아하고 논리적이며 설득력이
있으면 좋다.
해외로 진출하기 위해서는 외국어 능력과 외국 문화에
대한 이해력 및 포용력도 갖추어야 한다. 많은
사람을 만나야 하므로 매사에 적극적이고
사교성과 지도력이 뛰어난 사람이
유리하다.

★동아리 활동★

학생회 활동, 동아리 단장 등 리더십
과 책임감을 기를 수 있는 경험을 쌓
을 것을 권장한다.

★봉사 활동★

책임감과 봉사 정신이 잘 발휘될 수
있도록, 소집단이나 단체 봉사 활동을
주도하여 이끌어 보는 것이 좋다.

★독서 활동★

사회적 쟁점을 잘 나타낸 관련 도서
나 정치학에 대한 고전 및 정치인들의
자서전 등을 읽어 교양을 쌓는 것이
좋다.

★교과 공부★

전반적인 사회 현상에 대한 지식을
쌓을 수 있도록 정치, 경제, 사회 교
과목에 흥미를 갖고 집중하면 유리
하다.

★교외 활동★

'청소년 모의 UN' 및 지역 사회 주민
을 위한 공청회 및 토론 등 사회 활동
과 관련된 프로그램이나 공모전에 참
여한다.

※사회, 정치, 법 교과 관련 수상 경력을 쌓거나, 교
내 토론 대회나 경진 대회, 각종 시민 단체 활동에
참여하는 것도 도움이 된다.

06 기자

관련 학과
신문방송학과
56쪽

1. 기자의 세계

⬥ 5·18 민주화 운동　　　　　　　　　　　　　　　⬥ 힌츠페터 기자

　　5·18 민주화 운동을 다룬 영화 '택시 운전사'는 1980년 5월 광주에서 벌어진 참상을 전 세계에 알린 독일 출신의 기자 위르겐 힌츠페터(Jürgen Hinzpeter)와 그를 광주로 인도해준 서울의 택시 운전사 김사복의 실화를 바탕으로 만들어졌다. 힌츠페터는 "사건이 있는 곳은 어디든 간다."라는 투철한 기자 정신에 따라 광주로 몰래 숨어들어 정부의 철저한 억압으로 외부와 연락이 끊긴 광주의 비극을 카메라에 담았다. 당시 정부는 언론을 통제하며 광주 민주화 운동을 폭동으로 몰았지만, 목숨을 건 힌츠페터의 취재 덕분에 광주의 진실이 세상에 알려지게 되었다. 이것은 투철한 기자 정신과 사명감 없이는 불가능한 일이었다. 현재 우리가 접하는 1980년 당시 광주의 상황을 담은 자료들은 진실을 밝히고자 애쓴 힌츠페터 기자가 찍은 것들이다.

백악관 기자실의 전설이라 불리며, 케네디부터 오바마에 이르기까지 10명의 미국 대통령을 취재한 헬렌 토머스(Helen Thomas)는 "기자에게 무례한 질문은 없다."라고 말했다. 또한, 전쟁 특파원이자 전문 인터뷰 기자였던 오리아나 팔라치(Oriana Fallaci)는 권력자들의 천적이었다. 팔라치는 이란의 지도자 호메이니(Ayatollah

○ 이란의 지도자 호메이니를 인터뷰하는 팔라치(왼쪽)

Ruhollah Khomeini) 앞에서 차도르를 찢어 버렸으며, 에티오피아의 황제 셀라시에(Haile Selassie)나 리비아의 권력자 카다피(Muammar al-Qaddafi)와 인터뷰를 하면서도 주눅 들지 않고 그들의 약점을 공격하여 난처하게 만들기도 하였다.

언론은 국민의 알 권리를 충족시키고 공정하게 보도할 사명이 있다. 이러한 언론의 사명은 기자를 통해 실현된다. 즉, 기자는 어떤 상황이든, 누구를 상대하든 사실을 왜곡하지 않고 진실을 알릴 책임이 있다. 힌츠페터와 헬렌 토머스, 오리아나 팔라치가 전설로 추앙받는 이유는 '진실'을 밝히기 위해 '권력'과 '불의'에 맞서는 사명감과 용기를 발휘했기 때문이다.

최근 인터넷과 SNS(social networking service)의 발달로 지구 반대편에서 일어나는 일들이 끊임없이 다양한 온라인 매체에 올라오지만, 온라인에서 접하는 소식들은 객관성과 정확성이 떨어지기도 한다. 따라서 사람들은 신뢰할 수 있는 방송이나 신문 등의 매체를 통해 세계 각국의 정보를 얻는다.

사회가 발달하고 세분화됨에 따라 우리에게 익숙한 신문 기자나 방송 기자 외에도 의학, 연예, 스포츠, 경제, 자동차, IT 신기술 등 전문 지식을 가지고 보도하는 전문 기자가 나타나고 있으며, 기자의 영역이 전문화되고 특화되는 추세다. 이 밖에도 인터넷 매체에 근무하는 인터넷 기자, 해외에 주재하는 해외 특파원, 특정 분야의 잡지에 기사를 제공하는 잡지 기자, 회사나 단체의 사보나 협회의 협회보에 근무하는 기자, 촬영을 담당하는 사진 기자, 각종 정부 단체의 홍보를 담당하는 홍보 담당 공무원 등도 중요한 기자들이다.

 **해외 특파원**(foreign correspondent)**은 어떤 일을 할까?**

특파원은 신문사나 통신사로부터 국외에 파견되어 취재 활동을 하는 사람이다. 특파원은 기자 중에서도 선망의 대상이 되지만, 현지 생활에 잘 적응해야 하고, 현지와 본사 소재지 사이의 시차 때문에 한밤중에 일해야 할 때도 많다. 해외 특파원이 되려면 외국어에 능숙해야 하고, 여러 분야에 관한 풍부한 지식을 갖추어야 한다.

2. 기자가 하는 일

기자는 우리 주변에서 일어나는 각종 사건·사고, 정치·경제 소식, 생활 정보 등을 신문, 잡지, 라디오, TV, 인터넷 등을 통해 일반인에게 신속하게 알려 주는 일을 한다.

정치부, 사회부, 문화부, 경제부, 국제부, 체육부, 편집부, 출판부 등에 소속되어 해당 분야의 사건, 사고, 뉴스 등을 취재하거나 인터뷰하여 기사화하는 일을 한다.

국민의 관심을 불러일으킬 수 있는 현장을 찾아 관련된 사항을 취재한다.

취재한 내용을 바탕으로 기사를 작성하거나 특정 사건에 관한 보고서를 작성한다.

수집한 정보를 토대로 주요 내용을 분석·정리하여 편집 형태와 기준에 따라 기사를 작성한다.

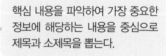

핵심 내용을 파악하여 가장 중요한 정보에 해당하는 내용을 중심으로 제목과 소제목을 뽑는다.

원고를 교정하고 전반적인 편집 방향을 결정한다.

편집(보도)국장과 상의하여 사건의 중요도에 따라 기사를 배치한다.

정치, 경제, 사회 등 여러 분야의 현상을 분석하고 논평한다.

기자는 사회적 약자를 대신하여 사회 전반에 대한 정보와 진실을 전달하여 국민의 '알 권리'를 보장하고 국가 발전에 기여하는 자긍심 높은 직업이다. 사회적으로 인정받는 전문직이지만, 예고 없이 발생하는 사건과 사고로 인해 근무 시간이 일정하지 않아 정신적·육체적으로 스트레스가 큰 편이다. 때로는 전쟁이나 자연재해와 같은 위험한 상황에서도 꿋꿋하게 정보를 전달하는 기자들의 모습은 책임감과 직업에 대한 자긍심을 느끼게 한다. 예기치 못한 사건과 사고로 인해 슬퍼하는 사람들 속에서 인터뷰를 진행하고, 객관성을 유지하여 기사를 작성하는 것은 아무리 경력이 많은 기자라 할지라도 쉽지 않을 것이다. 하지만 언론이 사람들에게 미치는 영향력과 파급력을 고려할 때, 기자는 개인의 감정을 자제하고 항상 공정한 보도를 위해 노력해야 한다.

그것이 알고싶다 사진 기자는 무슨 일을 할까?

일반적으로 독자들은 기사를 읽기 전, 기사의 제목이나 사진을 보고 그 내용을 추리한다. 이때 사진은 사건과 사고 현장의 모습을 한눈에 알 수 있게 하고, 사람들의 시선을 집중시키는 역할을 한다. 이처럼 신문이나 잡지에서 다룬 사건과 관련된 장소 및 인물, 상황 등을 카메라에 담아 생생하게 전달하는 역할을 하는 사람이 사진 기자다.

사진 기자는 중요한 사건, 사고 현장이나 독자의 흥미를 불러일으킬 만한 장소를 찾아 사진을 촬영하고, 사건과 사고에 대해 진실을 알릴 수 있는 핵심 장면을 선별한다. 최근에는 정치, 경제, 문화, 스포츠, 연예 등 특정 분야를 전문적으로 촬영하는 전문 사진 기자들의 역할이 두드러지고 있다.

3. 기자에게 필요한 능력

전문 언론인인 기자는 사건과 사고 현장에 직접 달려가 내용을 취재하고 매일매일 새로운 소식과 다양한 정보를 기사화하여 제공한다. 사건·사고는 언제 어떻게 일어날지 모르기 때문에 기자는 튼튼한 체력과 지칠 줄 모르는 호기심으로 현장을 누빌 수 있어야 한다. 따라서 계획적이고 정해진 일을 좋아하는 스타일보다는 역동적인 성격의 소유자가 기자로서 더 유리하다.

기자 역시 사람이기에 사건·사고 현장에서 감정이 흔들릴 수도 있지만, 객관적이고 정확한 기사를 작성하기 위해서는 날카로운 분석력, 한쪽으로 치우치지 않는 이성적 판단 능력과 중립적 자세를 가져야 한다. 또한, 어떤 유혹이나 압력에 흔들리지 않고 진실만을 전달할 수 있는 용기가 있어야 하므로, 정의로운 성품의 소유자라야 한다.

기자의 보도는 많은 사람의 생각에 영향을 미치기 때문에 기자는 공정하고 객관적인 정보만을 전달하려는 책임 의식을 지녀야 한다. 그리고 완성도가 높으면서도 독자가 이해하기 쉬운 기사를 써야 하므로, 글쓰기 능력과 언어 구사력을 갖춰야 한다. 다양한 계층의 사람들을 만나 취재하고 인터뷰해야 하므로 상대방의 마음을 열어 대화할 수 있는 의사소통 능력도 필요하다.

4. 기자와 관련된 학과 및 자격증

- **관련 학과:** 미디어 커뮤니케이션학과, 커뮤니케이션학과, 신문방송학과, 언론정보학과, 언론미디어학과, 언론영상학과, 경제학과, 국어국문학과, 문예창작학과, 사회학과, 언론홍보학과, 정치외교학과, 행정학과, 영문학과
- **관련 자격:** 멀티미디어콘텐츠제작전문가, 방송통신기사, 사회 조사 분석사

5. 기자의 직업 전망

기자는 사회적 지위와 직업 평판이 좋고 직업에서 느끼는 전문 의식과 사명감도 높은 편이다. 정보화가 가속화되고 사회가 급변함에 따라 많은 언론사가 생기고 더욱 많은 기자가 필요해질 것이다. 모바일 기기와 인터넷의 발달로 신문 기자의 수는 줄어들 수 있지만, 종합 유선 방송이나 방송 채널 관련 사업은 늘어나고 있다. 또, 인터넷 신문 및 방송, 1인 방송도 꾸준히 늘어날 것으로 보인다. 이에 따라 전산 정보나 언어 정보 분야를 전공한 전문 기자의 고용은 증가할 것이다.

한편, 4차 산업 혁명의 진전에 따라 데이터베이스를 기반으로 한 로봇 기자가 등장하고 있어 사회 변화에 대한 준비가 필요하다. 앞으로 언론계의 알파고(인공 지능)라고 할 수 있는 '로봇 기자'가 빠르게 발달하여 광범위한 영역에서 활동할 것이다. 이에 따라 개인 맞춤형의 뉴스 소비 형태가 늘어나고, 스포츠 경기 결과나 주식 시세와 같은 단순 속보는 로봇이 담당할 것으로 보인다.

뉴스를 자동 생산하게 될 로봇 저널리즘은 날씨, 스포츠, 금융, 재난 등의 기사를 순식간에 작성할 것이다. 현재도 〈로이터〉 등 일부 외신에서는 로봇 기자가 활약하고 있어 미래에는 기자의 역할이 크게 변화할 것이다. 따라서 단순한 정보 전달은 로봇 기자에게 맡기고, 미래의 기자는 주로 판단력과 분석력이 필요한 논설이나 창의성과 통찰력이 필요한 문화 및 심층 보도 분야에서 경쟁력을 높여야 할 것이다.

그것이 알고싶다 풀리처상(Pulitzer Prize)은 무엇일까?

풀리처상은 미국의 언론과 예술 분야에 기여한 사람에게 주는 상으로, 언론인 조셉 풀리처의 유언에 따라 1917년에 제정되었다. 언론 14개 부문, 예술(문학, 음악) 7개 부문에서 수상하는데, 그 권위와 신뢰도가 매우 높아 '기자들의 노벨상'이라 불린다. 하지만, 전 세계인을 대상으로 하지 않고, 주로 미국인이나 미국의 언론계와 예술계 관련자를 대상으로 한다.

기자

　기자는 글쓰기 능력, 전문적 지식, 강한 체력, 활동성을 갖추고 있다면 도전해 볼 만한 직업이다. 기자가 되기 위해서는 신문사나 방송사 등 언론사에서 시행하는 시험에 합격해야 한다. 대부분 방송사나 신문사의 경우 대졸 이상으로 학력을 제한하는 경우가 많으므로, 기본적으로 대졸 이상의 학력을 갖추어야 한다. 특별히 제한하는 전공 분야는 없으며, 맡은 분야에 따라 다양한 전공 기자가 있다. 신문 기자 및 방송 기자의 경우 대학교의 신문방송학과, 사회학과, 정치외교학과 등의 인문·사회 계열 전공자가 많은 편이다. 기자로서의 소양을 갖출 수 있도록 언론과 관련된 학문을 공부해 두는 것이 유리하다.

　지상파 방송사나 주요 중앙 일간지의 공개 채용 시험은 경쟁이 매우 치열하여 언론 고시라고 불릴 정도이다. 언론사 공채는 대체로 서류 전형, 필기시험, 실무 면접, 최종 면접 등으로 이루어지는데, 언론사마다 각기 다른 형식으로 시행된다. 주요 신문사가 아닌 중견 신문사나 잡지사 등은 전문 교육 이수 후 추천을 통해 채용하는 경우가 많고, 소규모 언론 기관은 수시로 채용하는 경우가 많다. 예를 들어 각종 협회에서는 해당 업종과 관련한 전문 신문을 만드는 경우가 많으므로, 그 분야에 대한 전문 지식을 미리 익혀 두면 도움이 된다.

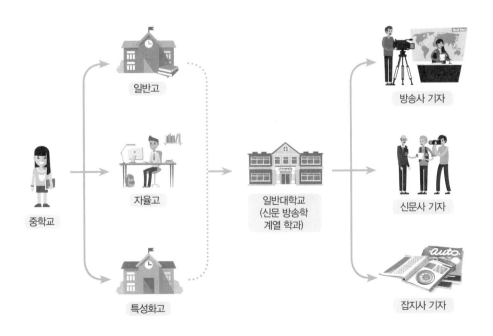

🔺 기자의 커리어 패스

대학교
관련 학과

신문방송학과

신문방송학과는 신문, 방송, 영화,
잡지 등 대중 매체와 사람들 간의 원활한
소통을 위해 연구한다. 개인 간의 커뮤니케이션을
비롯하여 신문, 방송, 영화 등을 포함한 매스 커뮤니
케이션과 영상 문화를 포함한 대중문화에 이르기까지
다양한 분야의 이론과 제작 기술을 습득한다.
현대 사회를 유지하고 세계와 소통하기 위한 커뮤니
케이션 현상들에 대한 학습을 통해 바람직한
미디어 문화와 대중 매체의 발전에 기여
하는 전문 인력을 양성한다.

진출 직업

기자, 해외 특파원, 방송인,
공연 기획자, 사회 과학 연구원,
쇼핑 호스트, 영화감독, 촬영 기사,
광고 관련 사업자, 외교관, 문화
관련 종사자, 인터넷 관련
종사자 등

적성 및 흥미

신문이나 방송을 통해 사회의 흐름
을 살피는 데 관심이 많은 학생에게
적합하다. 사회 현상을 분석하고 객관적 태도로
정보를 전달하기 위해 감정에 휩쓸리지 않은
냉철한 분석력과 이성적 자세가 필요하다.
정확한 정보를 수집해야 하므로 꼼꼼하고 신중한
성격의 소유자여야 하고, 다른 사람들이 지나칠 수
있는 것에도 호기심을 가지고 도전할 수 있어야
한다. 특히, 언론인이 되기 이해서는
글쓰기 및 작법 능력을 갖추는
것이 필수적이다.

중·고등학교 학교생활 포트폴리오

멀티미디어콘텐츠
제작전문가,
무대예술전문인,
방송통신기사,
사회조사분석사 등

자격 및 면허

진출 분야

★정부 및 공공 기관★
한국방송공사(KBS), 방송통신위원회,
정보통신부, 한국언론진흥재단, 문화체육관광부,
교육부, 과학기술통신부 등

★기업체★
지상파 방송사(KBS, MBC, SBS, EBS 등), 종합 편성 채널(YTN,
JTBC, MBN, 연합뉴스, 조선TV, 동아TV, MTV 등), 각종 지역
방송, 각종 인터넷 방송 등

★연구소★
언론중재위원회, 미디어랩, 한국기자협회,
종합유선방송연구소, 한국방송연구소,
방송미디어연구소, 한국전자통신연구소,
방송통신정책연구소 등

관련 학과

방송영상학과, 언론정보학과,
언론영상학과, 디지털방송학과,
미디어창작학과, 방송언론학과,
방송통신전공, 신문방송정치외교학부,
언론영상학부, 언론정보문화학과,
방송언론광고학과, 미디어커뮤니케이션학과,
사회언론정보학과, 언론광고학과,
국어국문학과, 문예창작과,
영어영문학과 등

★동아리 활동★

교내 신문 기자로 활동하거나 사회
문제 연구 동아리, 방송반 등에서 활
동할 것을 추천한다.

★봉사 활동★

사회 문제에 관심을 갖고, 사회 복지
시설 등에서 영상을 활용한 봉사 활동
에 참여해 볼 것을 추천한다.

★독서 활동★

사회, 문화, 역사, 방송 등에 관한 다양
한 분야의 독서 및 잡지나 논설을 꾸
준히 읽으면 많은 도움이 된다.

★교과 공부★

국어 교과는 말하기, 쓰기 학습의 토
대이며, 정보 관련 교과나 외국어 교
과는 커뮤니케이션의 기초가 되므로,
해당 교과를 열심히 공부한다.

★교외 활동★

각 언론사의 학생 기자 모집에 참여
하거나, 교회나 동네의 소식지 발행
활동에 참여하여 인터뷰 및 글쓰기
경험을 쌓으면 좋다.

※각종 UCC 제작 대회에 참여하거나 수상한 실적
이 있으면 좋다. 그리고 방송국을 비롯한 언론사
를 방문하여 직업 탐색을 할 것을 추천한다.

07 도선사

관련 학과
선박운항과
64쪽

1. 도선사의 세계

화물선이나 유람선 같은 대형 선박들은 넓은 바다를 항해하며 세계 각지를 왕래한다. 자동차나 철강을 싣고 국제항을 누비는 화물선, 여객을 운송하는 유람선, 해군을 상징하는 각종 군함 등 대형 선박들은 어떻게 물 흐르듯이 안전하게 부두에 _{배를 안벽이나 육지에 댐}접안할 수 있을까?

넓은 바다라 할지라도 지역마다 조류의 흐름이나 해안선의 형태가 다양하고, 각각의 항구도 저마다의 특징이 있다. 따라서 선박을 안전하게 부두에 대기 위해서는 각 지역의 수로를 정확하게 알고 있는 전문가의 인도를 받아야 한다. 이러한 수로 인도 전문가를 도선사라고 한다.

국제 항로에 취항하는 500톤 이상의 국내 선박이나, 500톤 이상의 국제 선박이 우리나라 항구에 접안할 때는 해양 수산부령에 따라 반드시 도선사가 탑승해야 한다. 도선사는 항만과 운하 등의 일정한 <u>도선구</u>에서 부두까지 선박을 안전하게 인도한다. 도선사는 항만이나 수로를 안내하여 바다의 안전을 책임지므로, 항공기 조종사와 마찬가지로 영어로 파일럿(pilot)이라 한다.

> 도선의 편의를 위하여 해협, 항만, 연안의 필요한 해면에 설정한 구역

일반인들에게는 도선사라는 명칭이 생소할 수도 있지만, 도선사는 매우 오랜 역사를 가진 직업이다. 오늘날은 철도, 선박, 비행기 등 다양한 교통 · 운송 수단이 있지만, 과거에는 해로나 수로를 운행하는 선박이 교통이나 운송에 널리 이용되었다. 우리나라는 고조선 시대부터 배를 사용하였다고 알려져 있고, 고려 시대에는 '해상 왕국'이라 불릴 만큼 선박을 이용한 해상 교류가 활달하였다.

서양에서도 일찍부터 현지의 지식을 갖춘 도선사가 선박을 안전하게 항구로 입 · 출항시키거나 선박을 안내하기 위해 고용되었다고 한다. 도선사는 전문성을 갖추었을 뿐 아니라 지역 사정에도 밝고 현지어를 구사할 수 있으므로, 육로와 해로를 연결하는 중개자 역할을 하기도 하였다. 현재 우리나라의 해양 · 조선 분야는 세계적 수준으로 평가받고 있다. 도선 분야에서도 실력을 인정받아 외국 선박을 도선하는 경우가 많고, 국제적 위상도 매우 높다.

그것이 알고싶다 배에 선장이 있는데 왜 도선사가 필요할까?

선박이 항구에 접안하거나 항구를 벗어날 때는 도선사가 선장을 대신하여 선박의 운항을 책임진다. 도선사는 배에 오른 후 곧바로 선박의 상태와 기계 장치의 특성을 파악하고 배의 운항 방식을 정한다. 자신의 선박을 도선사보다 훨씬 더 잘 아는 선장이 도선사에게 배의 운항을 맡기는 이유는 무엇일까? 그것은 도선사가 선장보다 배가 항해하는 영역을 잘 알고 있기 때문이다.

△ 선박의 운항을 점검하는 도선사

도선사는 강, 하구, 바다 등에서 항구로 이어지는 곳의 지형과 풍향, 풍랑 등을 파악하고 있으며, 그것이 배에 어떤 영향을 주는지도 잘 알고 있다. 또한, 선박의 항법 장치와 전자 기기 등을 항해 영역에서 가장 효율적으로 사용하는 방법도 알고 있다.

분명, 도선사와 선장은 자신만의 강점이 있으며, 배의 안전한 통행을 위해서 그들의 전문 지식을 모두 활용하는 것이 좋다. 따라서 도선사와 선장은 배의 안전 운항을 위한 시너지 효과를 내기 위해서 상호 존중하고 신뢰해야 할 것이다.

2. 도선사가 하는 일

도선사는 항만에 입·출항하는 선박에 탑승해 해당 부두까지 선박을 안전하게 정박할 수 있도록 수로를 안내하고 지시하는 일을 한다.

항구에 정박하려는 선박의 항로를 검토하고, 선박의 종류와 규모를 확인한다.

선박에서 도선 요청이 들어오면, 도선사는 작은 배를 타고 해당 선박에 승선한다.

도선사는 승선한 후 선장이나 함장의 역할을 대행한다.

안전한 항해를 위해 풍향, 풍속, 조류 등을 살펴 항로와 속도를 조정한다.

항구의 지리에 익숙하지 않은 선장을 대신하여, 선박과 항구의 시설을 훼손시키지 않고 대형 선박을 부두로 인도한다.

도선사가 되려면 삼등 항해사, 이등 항해사, 일등 항해사를 거쳐 3년 이상의 선장 근무 경력이 필수다. 이후에도 2차례의 도선사 자격시험을 통과해야 한다. 도선사는 또한 힘든 기상 환경에서도 배를 다루는 전문적 능력과 외국어 실력을 갖추어야 한다. 이 때문에 도선사가 되기까지는 보통 20년 이상이 소요된다. 그러나 도선사로서 권한과 전문성 및 높은 연봉을 보장받으므로 직업 만족도는 매우 높다.

그것이 알고싶다 도선사의 직업 만족도를 알아볼까?

2019년 4월 한국고용정보원이 발간한 '2017 한국의 직업 정보' 보고서에 따르면 도선사의 직업 만족도는 8위로 나타났다. 이는 교수, 의사, 판사, 교사 등과 더불어 매우 높은 직업 만족도에 해당한다. 만족도는 해당 직업의 사회적 기여도, 직업 지속성, 발전 가능성, 업무 환경과 시간적 여유, 직무 만족도를 고려해 현재 몸담고 있는 직업에 얼마나 만족하고 있는지를 해당 직업 종사자들이 주관적으로 평가한 것이다.

평균 소득(연봉) 면에서도 도선사는 국회의원, 성형외과 의사, 기업 고위 임원, 피부과 의사, 대학 총장 및 학장 등과 함께 1억 이상의 고소득층에 속한 것으로 조사되었다.

만족도 높은 직업 순위(1~9위)

순위	직업명	만족도 점수(40점 만점)
1	교육 계열 교수	35.33
2	이비인후과 의사	34.52
3	성형외과 의사	33.57
4	내과 의사	33.37
5	치과 의사	33.13
6	중등학교 교장 및 교감	33.13
7	판사	33.00
8	도선사	32.93
9	초등학교 교사	32.90

출처: 한국직업정보시스템(know.work.go.kr), 2019

3. 도선사에게 필요한 능력

도선사는 기상 이변이 많은 바다에서 일을 하기 때문에 자연 현상에 대한 이해가 깊어야 하고, 위기관리 능력과 순발력이 있어야 한다. 바다 곳곳의 암초를 피해 정해진 수로를 따라 대형 선박을 유도하여 항구에 안전하게 정박하는 작업은 체력이 많이 소모되는 일이다. 그리고 도선 작업이 밤낮 구별 없이 배정 순서에 따라 이루어지므로, 도선사는 가족과 떨어져 지내는 경우가 많다. 이러한 작업을 수행하려면 외로움을 견딜 수 있는 정신력과 강한 체력이 필수이다.

도선사는 선박을 안전하게 정박할 수 있는 공간 능력과 선박 조종술을 갖추어야 하며, 발전하는 항해 기술을 익히기 위해 끊임없이 노력해야 한다. 도선사는 선장의 권한을 대신하여 선원을 통솔해야 하므로 어떤 상황에서도 흔들리지 않는 배짱과 리더십이 필요하다. 그리고 총책임자인 선장과 원만하고 협조적인 관계를 형성해야 하므로 대인 관계 능력도 필요하다.

도선사는 여러 나라의 선박을 안전하게 안내하고, 외국 선원들과 원활하게 의사소통을 해야 하므로 외국어에도 능통해야 한다. 평소 해양학, 물리, 지리와 관련된 서적을 꾸준히 탐독하고, 기상 변화에 관한 뉴스를 꼼꼼히 살피는 등 자연환경에 대한 지식을 쌓는 것도 필요하다.

그것이 알고 싶다 바다의 이색 직업에는 어떤 것이 있을까?

• **예인선 선장과 선원**
다른 선박을 끌고 가는 배를 예인선이라 한다. 자동차는 브레이크가 있어 스스로 속도를 조절할 수 있지만, 선박에는 브레이크가 없기 때문에, 속도를 조절해 주는 예인선이 필요하다. 예인선의 선장과 선원들은 도선사의 지시에 따라 대형 선박 곁에서 밀고 당기기를 반복하여 방향과 속도를 조절하는 역할을 한다.

⬠ 예인선

• **줄잡이(line man)**
도선사가 해당 선박을 예인선과 함께 항구로 몰고 오면 줄잡이는 배에서 내려주는 줄을 밧줄 걸이에 걸어 고정하고 배가 출항할 때에는 줄을 풀어 안전한 입·출항을 책임진다.

⬠ 줄잡이

4. 관련 학과 및 자격증은?

- **관련 학과:** 해양공학과, 해양시스템학과, 지구해양과학과, 해사수송과학부
- **관련 자격:** 해기사, 도선사(1종, 2종)

5. 도선사의 직업 전망

도선사는 높은 급여를 받으며, 65세 정년까지 신분이 보장된다. 대형 선박에 투입되는 예산의 규모는 매우 크다. 도선사는 이러한 대형 선박을 안전하게 유도하는 역할을 하므로, 업무의 전문성과 중요성을 인정받아 높은 연봉을 보장받는다.

수출과 수입의 확대로 해양 물류가 증가하고 관광 산업이 발달할 경우, 도선사의 전망은 어떨까? 4차 산업 혁명을 대표하는 기술로 알려진 무인 자동차처럼, 최근 해양 분야에서도 기상 정보와 항로 정보 등의 축적된 빅데이터를 활용하여 사람 없이 움직이는 자율 운항 선박이 개발되었다. 즉, 인공 지능이 위성 통신을 통해 학습한 기상 정보와 항로 정보를 토대로 최적의 항로를 운항하는 것이다. 현재까지 도선사는 미래 전망이 밝은 안정적인 직업으로 꼽히지만, 삼면이 바다이며 조선 강국인 우리나라는 변화하는 선박 혁명과 해운 물류 혁명에도 대비해야 할 것이다.

🤖 그것이 알고싶다 해양 자율 운항은 어떻게 이루어지는가?

해양 자율 운항은 내비게이션을 이용한 육상 자율 주행 원리와 비슷하다. 해도에 표시된 항구와 항구, 즉 출발지와 목적지를 연결한 해도 내비게이션 정보에 따라 선박을 이동하는 방식이다. 해양 자율 운항을 하려면 선박에 각종 센서와 해양 내비게이션, 엔진룸 자동 제어 시스템과 원격 송·수신 장치 등 각종 시스템을 갖추어야 한다.

선박에 설치된 센서로 영상, 온도와 습도, 파고, 기상 등 각종 정보를 수집하여 육상에 있는 관제소로 보내면, 육상 관제소에서는 주변 선박에서 수집한 해상 교통 정보를 통합 분석해 다시 선박에 보내 준다. 선박은 자체적으로 수집한 정보와 육상 관제소에서 보내 주는 정보를 활용하여 장애물을 피하고 상황에 맞춰 운항 속도와 경로를 바꾼다. 복잡한 연안을 벗어나 먼바다에 나가면 위성 통신망을 이용한다. 현재 위치와 목적지까지 거리, 시간 등을 계산해 최단 항로를 설정해 운항한다.

도선사

도선사가 되려면 우선 해기사 자격증을 취득해야 한다. 선박과 해양 구조물에 대한 기계학적인 접근이 필요하므로, 해양 공학 및 해양 기술과 관련된 학과를 전공하는 것이 좋다.

> ↗ 선원으로서 일정한 기술과 지식을 가진 사람. 해기사 국가시험에 합격해야 하며, '선박 운항사'라고도 함

도선사가 되기 위해서는 기본적으로 6,000톤 이상의 선박에 3년 이상 선장으로 승선한 경력이 필요하다. 도선 수습생 전형에 응시하여 필기시험과 면접시험에 합격하면 6개월간 항만에 배치되는데, 그동안 200회 이상 선박에 승선하여 도선사에게 선박 입출항 및 도선 환경에 대해 교육을 받고, 실습을 이수해야 한다. 도선 수습생으로서 실무 실습을 이수한 후에야 도선사 시험에 응시할 수 있는데, 면접(항만 정보와 도선 여건)과 실기(선박 운용술) 과정을 거쳐 최종 합격해야 한다. 시험은 매년 1회 시행되며, 도선사의 평균 연령은 60세 정도이다. 도선사는 강한 정신력과 체력이 요구되는 직업인만큼 정기적으로 시행하는 신체검사에 합격해야 한다.

선박은 자동차처럼 속도나 방향을 조절하기가 쉽지 않고 규모가 크기 때문에, 사고가 발생하면 그 피해가 매우 크고 복구하기도 어렵다. 도선사의 자격 요건이 까다롭고 많은 시간을 투자해야 하는 이유는 선박과 승객의 안전을 보장하고, 다른 선반과의 충돌이나 부두 시설물의 손상을 방지하며, 더 나아가 자연환경의 파괴를 막아야 하기 때문이다.

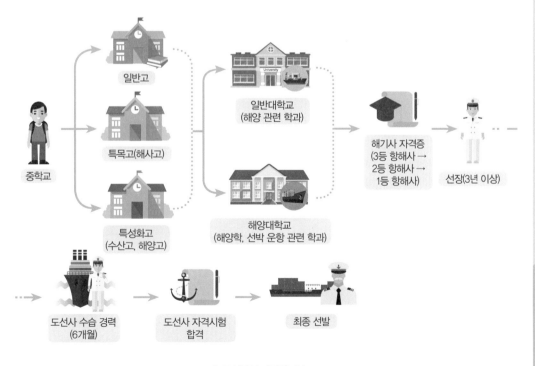

중학교 → 일반고 / 특목고(해사고) / 특성화고(수산고, 해양고) → 일반대학교(해양 관련 학과) / 해양대학교(해양학, 선박 운항 관련 학과) → 해기사 자격증(3등 항해사 → 2등 항해사 → 1등 항해사) → 선장(3년 이상) → 도선사 수습 경력(6개월) → 도선사 자격시험 합격 → 최종 선발

⚓ 도선사의 커리어 패스

선박운항과

학과 소개

선박운항과는 항해사와 기관사가
갖춰야 할 전문 지식을 연마하고,
승선 실습을 통해 실무에 바로 적용할 수
있는 현장 중심의 실무 교육을 제공한다.
기술이 발달함에 따라 최첨단 자동화 시스템의
선박 운항 및 관리 연구와 개발에 관한 교육을
실시하여, 선박과 해상 활동에 대한 견문을
넓힐 기회를 제공하고 해운 및 해양
산업 분야의 능력 있는 인재
양성을 목표로 한다.

적성 및 흥미

선박운항과에 맞는 적성과 흥미는
바다와 해양 환경, 선박에 대한 관심이
필요하다. 선박을 운항하기 위한 기본 소양인
기계와 컴퓨터를 잘 다루고, 안전한 항해를 위해
공간 지각 능력과 순발력이 필요하므로 수학과
과학 관련 분야에 흥미와 능력이 있으면 유리하다.
또한, 장기간 바다에서 생활해야 하므로 체력
소모가 큰 분야이니만큼 강인한 체력과
사람들을 잘 이끌 수 있는 리더십 및
책임감이 뒷받침되어야 한다.

자격 및 면허

항해사, 도선사,
해양공학기사, 해양환경기사,
해양자원개발기사 등

진출 직업

선장이나 항해사, 도선사,
선박 기관사 등

진출 분야

★정부 및 공공 기관★
해양 관련 공무원(해양경찰, 해양수사부공무원),
항만공사

★기업체★
항해사, 선장, 해운회사, 항만관제사, 해운업,
해운중개업, 항해 통신 장비 및 조선 기자재업 등

★연구소★
선박 및 해운 관련 교육 기관과 연구소

관련 학과

항해학부,
항해정보시스템학부, 선박해양공학과,
해양학과, 해양환경공학과, 해양건설공학과,
해양레저선박학과, 해양정보통신학과,
해양군사학과, 조선시스템공학과,
해양바이오시스템공학과, 해양산업융합학과,
해양플랜트운영학과, 해사수송과학부,
해사글로벌학부, 해양군사학부,
해양기술학부, 해양메카트로닉 학부

★동아리 활동★

과학 관련 동아리 및 체력 향상을 위한 스포츠 관련 동아리 활동을 하면 좋다.

★봉사 활동★

원만한 인격과 책임감을 기를 수 있도록 꾸준히 봉사 활동을 할 것을 권장한다.

★독서 활동★

바다와 해양 환경에 대한 이해를 돕기 위한 자연 과학 계열과 해양 관련 서적을 탐독할 것을 추천한다.

★교과 공부★

논리력과 공간 능력 향상을 위한 수학과 과학에 흥미가 있으면 유리하고, 국외 활동에 기본이 되는 외국어 능력도 필요하다.

★교외 활동★

해양수산부 홈페이지를 통해 다양한 이벤트 및 공모전에 참여하는 것도 많은 도움이 된다.

※교내 체육 대회나 외국어 말하기 대회에 참여하여, 체력과 외국어 실력을 검증받으면 좋다. 수학과 과학 관련 프로젝트 수업에 참여하는 것도 유리하다.

08 마케팅 전문가

관련 학과
마케팅
비즈니스과
72쪽

1. 마케팅 전문가의 세계

이른 아침을 조깅으로 시작하는 여든 살 할아버지의 건강한 일상을 보여 주는 30초 짜리 광고가 끝날 즈음, 화면에는 'Just do it'이라는 문구가 뜬다. 1988년에 시작된 나이키(NIKE)의 'Just do it' 광고 캠페인은 나이키의 운동화가 왜 좋은지 구구절절 설명하지 않는다. 나이를 초월한 열정과 도전 정신을 보여 줄 뿐이다.

기업은 소비자의 필요와 욕구를 충족시키는 제품을 생산한다. 그리고 이렇게 생산된 제품이 경쟁사 제품보다 먼저 소비자의 선택을 받을 수 있도록 노력하는데, 이러한 기업의 활동을 마케팅이라 한다. 마케팅 전문가는 제품에 대한 서비스와 현재 판매 수준을 파악하고, 사회 변화에 따른 소비자의 가치 및 필요성과 배경까지 고려하여 과학적으로 판매 전략을 세운다.

마케팅의 아버지라 불리는 필립 코틀러(Philip Kotler)는 마케팅을 'meeting needs profitably' 즉, 수익성 있게 고객의 필요(needs)를 만족시키는 것이라 정의하였다. 만일 나이키가 운동화 판매만을 목표로 마케팅 활동을 했다면 크게 성공하기 힘들었을 것이다. 나이키가 성공을 거둔 이유는 건강한 삶에 대한 필요를 파악하여 운동에 대한 소비자의 욕구를 자극하고, 나아가 운동선수의 열정과 스포츠의 도전 정신을 자사의 이미지와 일치시킴으로써, 나이키의 가치를 재창조하였기 때문이다. 이처럼 마케팅 전문가는 단순히 광고와 홍보 업무를 진행하는 데 그치지 않고, 기업의 가치를 재창조할 수 있어야 한다.

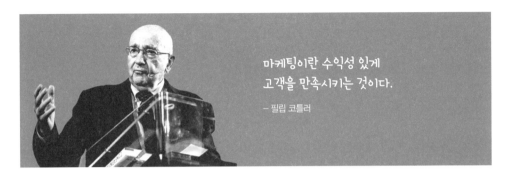

마케팅이란 수익성 있게
고객을 만족시키는 것이다.

— 필립 코틀러

그것이 알고싶다 한류를 이용한 마케팅 전략에 대해 알아볼까?

우리나라의 대중문화가 외국에서 유행하는 현상

한국 드라마, 케이팝(K-pop) 등이 국외에서 큰 인기를 얻어 <u>한류(韓流)</u> 열풍이 거세어지면서, 국내 기업들은 한류를 이용하여 다양한 마케팅 전략을 세우고 있다. 한류 스타가 등장하는 드라마에 의상이나 소품을 협찬하여 판매 촉진 전략을 세우거나, 한류 스타의 대사에서 아이디어를 얻어 치킨과 맥주를 관광 상품으로 개발하기도 한다. 이처럼 자연스럽게 한국 문화를 콘텐츠에 반영하여 국외 시장을 대상으로 적극적인 마케팅 활동을 하고 있다.

정부 차원에서도 한류 열풍을 활용한 중소기업들의 해외 진출을 지원하기 위해 한류 마케팅 예산을 확대하고 있다. 아울러 기존 케이팝(K-pop) 위주의 한류 행사에 집중되었던 지원 범위를 <u>스타 마케팅</u>, 예능 프로그램 공동 제작, e-스포츠 등으로 확대하는 등 다양한 한류 활용 수출 모델을 창출하고자 노력하고 있다.

스포츠·방송·영화 등에서 대중적 인지도가 높은 스타를 내세워 기업의 이미지를 높이는 마케팅 전략

◎ 〈타임〉의 표지를 장식한
케이팝 그룹, BTS

◎ '박항서 매직'을 활용하여 코트라(KOTRA)가 베트남
호찌민에서 개최한 한국 소비재 판촉전

2. 마케팅 전문가가 하는 일

마케팅 전문가는 판매를 통한 이윤 창출, 인지도 확보와 같은 기업의 목적에 따라 다양한 마케팅 방법을 기획하고 집행한다. 일반적으로 기업이나 단체의 제품과 서비스가 소비자의 욕구를 충족하도록 판매 전략을 기획하고 계획 및 관리하는 일을 한다.

해당 기업의 경영 전략과 특징, 시장 등 마케팅 전략에 대해 자문하고 조사한다.

기업의 제품과 가격, 서비스 및 새로운 라인 개설 가능성 등을 분석하여 경영진에게 보고한다.

특정 상품의 대상이 되는 소비자의 취향을 조사하여 분석한 후 마케팅 전략을 수립한다.

마케팅 전문가

해당 기업과 경쟁사의 제품과 서비스의 수요를 확인하고, 발전 가능성을 예측한다.

사회의 변화 및 유행을 점검하여 광고 전문가와 광고 전략을 협의한다.

성공적인 마케팅을 위해 페이스북, 인스타그램 등 다양한 SNS의 콘텐츠를 기획하고 운영한다.

오늘날 다양한 분야에서 마케팅 기법이 활용되어, 그 가치를 인정받고 있다. 마케팅 전문가는 회사의 이익과 바로 연결되는 판매 전략과 가치를 창출하며, 기획, 광고, 서비스 관리 등 여러 업무를 총괄한다. 많은 사람이 마케팅을 예술적·창조적 활동이라고 생각한다. 하지만, 마케팅도 결국은 이윤 창출을 목적으로 하는 것이므로, 업무에 대한 책임과 부담감이 큰 편이다. 또한, 프로모션을 기획하고 집행하는 개발 팀, 디자인 팀 등 다양한 분야의 사람들과 끊임없이 의견을 조율하고, 협업해야 한다.

그것이 알고 싶다 상품 기획 전문가, 머천다이저(MD)는 무슨 일을 할까?

상품 기획 전문가는 소비자가 원하는 상품을 조사·분석하여 제공하는 일을 한다. 일정 수준 이상의 수요가 예상되는 상품을 선택하여 생산하고, 마케팅 전략을 수립해 소비자들의 판매를 유도한다. 인터넷, 백화점, 할인점, 홈쇼핑 등에서 활동하며 상품 기획에서부터 주문, 전시, 판매, 배송, 사후 서비스 관리, 재고관리까지 담당하는 경우가 많다.

인터넷 쇼핑몰 MD*는 쇼핑몰에서 카테고리 별로 상품 아이템을 구성하고, 백화점이나 할인점의 MD는 신상품을 발굴하고, 입점 브랜드를 관리한다. 홈쇼핑 MD의 경우, 판매 상품을 기획하고 전략을 세운다.

*MD(MERCHANDISER): 상품을 뜻하는 MERCHANDISE와 사람을 의미하는 ER를 결합한 말로, 상품을 기획하는 전문가를 뜻한다.

3. 마케팅 전문가에게 필요한 능력

마케팅은 전략적으로 이루어진다. 나이키의 광고는 제품을 직접 보여 주지 않는다. 대신 운동하는 사람들의 모습을 통해 자연스럽게 자사의 제품을 연상하게 한다. 이처럼 철저하게 전략적으로 소비자의 마음을 움직이는 능력이 필요하다. 마케팅 전문가는 사회적 변화와 흐름을 잘 파악해야 하고, 제품의 홍보와 판촉에 알맞은 자료를 수집하여 이를 바탕으로 적절한 마케팅 방향을 기획하고 조작할 수 있어야 한다.

마케팅 전문가는 사람의 심리를 잘 이해하고 설득할 수 있는 능력과 기술이 있어야 하므로, 평소 사람들과 대화하고 교류하는 것을 좋아하는 성격의 소유자에게 알맞다. 마케팅 활동은 특정 부서에서 단독으로 진행하는 경우보다 개발 · 디자인 · 영업 등 다양한 부서의 참여와 협력으로 이루어지는 경우가 많으므로, 서로 이해관계가 대립하는 상황에서도 조직의 목표와 이익을 위해 협업 능력을 발휘할 수 있어야 한다. 또한, 사회 · 문화 현상들에 대해 호기심을 가지고 관찰하는 것에 흥미가 있다면 더욱 유리하다.

외부 행사 기획과 같은 판촉 활동의 경우 현장 상황을 여러 번 점검하더라도, 눈비와 같은 기상 변화 등으로 계획과 다른 상황이 벌어질 수 있다. 따라서 마케팅 전문가는 예상치 못한 일에 대한 위기 대처 능력과 임기응변과 같은 유연한 사고를 지녀야 한다. 기회가 된다면 기업 판촉 아르바이트를 하거나, 지역 축제의 부스에서 활동해 보는 것도 좋은 경험이 될 것이다.

4. 마케팅 전문가와 관련된 학과 및 자격증

- **관련 학과:** 경영학과, 경제학과, 마케팅정보학과, 광고마케팅학과, 심리학과, 스포츠마케팅학과, 디지털콘텐츠학과 등
- **관련 자격:** 경영지도자 자격증, 브랜드관리사 자격증, 온라인마케팅 자격증(블로그, 카카오, 페이스북 관련 자격증 등), 광고마케팅 자격증 등

그것이 알고 싶다 제휴 마케팅이란 무엇일까?

제휴 마케팅이란 제품과 서비스를 판매하고자 하는 광고주가 광고를 실을 수 있는 웹 사이트, 블로그, SNS 등을 운영하는 업체와 제휴하여 매출에 따라 수익을 나누어 가지는 것을 말한다. 특히 다양한 기업과 개인이 모여 이루어지는 인터넷 마케팅을 제휴 마케팅이라고 하는데, 상대방의 제품과 서비스를 홍보하여 판매를 촉진하는 역할을 한다.

5. 마케팅 전문가의 직업 전망

사회가 다양해지고 경쟁이 치열해짐에 따라 여러 분야에서 마케팅의 전문성이 강조되고 있고, 마케팅 전문가의 영역 또한 전문화·세분화되고 있다. 최근 마케팅의 중요성을 인지한 기업이 늘어남에 따라 마케팅 전문가의 수요는 증가하고 있다. 브랜드 마케팅 전문가, 문화 마케팅 전문가, 온라인 마케팅 전문가, 국제 의료 마케팅 전문가, 스포츠 마케팅 전문가 등 마케팅 전문가는 매우 각광받는 직업에 속한다.

사회의 네트워크화가 심화되고 가속화됨에 따라 디지털 마케팅(digital marketing)도 주목받고 있다. 디지털 마케팅은 웹 브라우저, 스마트폰과 같이 인터넷을 기반으로 하며, 온라인으로 소비자에게 제품을 광고 및 판매하고 서비스를 안내한다. 사회가 급변하고 마케팅에 대한 시간과 공간의 장벽이 허물어지면서 디지털 마케팅 전문가의 수요가 늘어나고 있다. 또한, 외국과의 제휴 마케팅 서비스도 증가하고 있으므로 외국어 능력을 갖추고 있으면 마케팅 전문가로 활동하기에 더욱 유리할 것이다.

그것이 알고 싶다 빅데이터(big data) 마케팅에 대해 알아볼까?

빅데이터는 기존 컴퓨팅 기술로는 저장, 관리, 분석이 불가능할 정도로 큰 데이터 집합과 관련 기술, 인력 등까지 포괄한다. 빅데이터 마케팅은 빅데이터를 통해 고객의 소비 패턴과 선호도, 정보 등을 분석하여, 구매할 가능성이 높은 고객에게 맞춤형 혜택을 제공하는 것을 말한다. 빅데이터 마케팅의 대상은 유형의 상품뿐만 아니라, 금융, 유통, 의료, 통신, 보험 분야와 같은 무형 서비스로까지 확대되고 있다. 오늘날 빅데이터는 정치, 사회, 문화 등 삶 전체와 관련한 이슈가 되었다.

예 B 카드는 구매 품목, 시점, 결제 위치 등을 실시간으로 파악하고 고객의 구매 이력 및 성향을 고려하여 인근 가맹점의 할인 쿠폰을 발송해 주는 RTM(real time messaging) 서비스를 제공하고 있으며, S 카드는 고객의 카드 거래 실적을 분석하여 앞으로 자주 이용할 것으로 예상하는 가맹점을 미리 고객에게 제안하고, 고객이 별도의 쿠폰이나 할인권을 제시하지 않아도 결제만 하면 자동으로 혜택을 받을 수 있는 서비스를 제공하고 있다.

마케팅 전문가

마케팅 전문가가 되기 위해 특별히 정해진 교육이나 훈련 과정은 없다. 하지만 대학에서 경영학, 통계학, 신문방송학, 심리학, 사회학 등 사회 과학 분야를 전공하는 것이 유리하다. 보통 대졸 이상의 학력을 요구하지만 일부 업체에서는 석사 학위 이상의 학력을 요구하기도 한다.

마케팅 관련 업체의 인턴 경험이나 마케팅 공모전 입상 실적 등이 있으면 취업할 때 경력으로 인정받을 수 있다. 회사나 단체에서 주관하는 공모전, 각종 작품전, 디자인 공모 등의 다양한 실무 경험은 마케팅 전문가로 성장하는 데 중요한 발판이 될 것이다.

마케팅 전문가 양성을 위한 국가 공인 자격증은 없지만, 최근 마케팅 분야의 대중적 인기와 사회적 관심이 높아짐에 따라 대학원 MBA 과정, 온라인 마케팅 강좌 등이 늘어나고 있다. 한국 생산성 본부 등 관련 기관이나 사회 교육 기관, 사설 학원 등에서 교육을 받을 수 있고, 이러한 과정을 통해 마케팅 전문가로서 필요한 능력과 소양을 기를 수 있다.

마케팅 전문가를 목표로 하는 경우, 일반적으로 공채 또는 특채로 일반 기업체나 광고 회사의 마케팅 부서로 입사하여 경력을 쌓게 된다. 또한, 민간 및 공공 부문에서 독립적으로 일할 수도 있다.

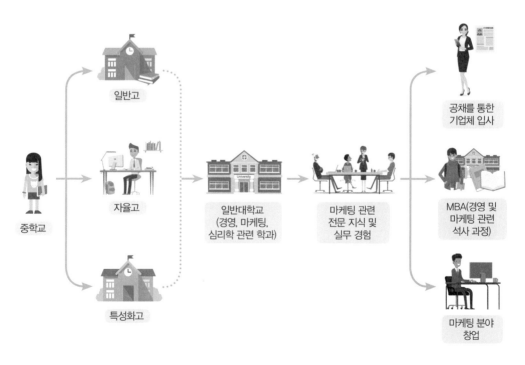

일반고

자율고

중학교

특성화고

일반대학교
(경영, 마케팅,
심리학 관련 학과)

마케팅 관련
전문 지식 및
실무 경험

공채를 통한
기업체 입사

MBA(경영 및
마케팅 관련
석사 과정)

마케팅 분야
창업

◇ 마케팅 전문가의 커리어 패스

대학교
관련 학과

마케팅비즈니스과

학과 소개

사회 발전에 따른 다양한
소비자의 욕구를 충족하고, 기업과 사회의
요구에 부응하는 마케팅 관련 전문 인력을 기른다.
경영과 마케팅 전반에 대한 전공 지식과 실무 능력을
향상시키고, 현장 중심의 프로그램, 즉 온라인 마케팅
전문가, 광고 홍보 전문가, 영업 관리 전문가 분야 등으로
세분하여 국내 및 국제 환경의 변화에 맞추어 실무형
마케팅 전문가로 성장할 수 있도록 교육 과정을 제공
한다. 세계화에 걸맞은 외국어 구사 능력을
보유하고, 사회 변화에 적응하여 마케팅
산업을 선도할 수 있는 인재를
양성한다.

진출 직업

마케팅 전문가, 광고 홍보
전문가, 영업 관리 전문가, 경영
컨설턴트, 인적 자원 전문가, 기업 인수
합병 전문가(M&A 전문가), 창업 컨설턴트,
전직 지원 전문가, 품질 인증 심사 전문가,
광고 기획자, 행사 기획자, 공연 기획자,
물류 관리 전문가, 홍보 전문가, 스포츠
마케터, 스포츠 스카우트, 회의
기획자 등

적성 및 흥미

사회 현상과 사람들의
소비 심리에 대해 생각하고, 탐구하는
것을 좋아해야 한다. 특히 마케팅은 소비자의
욕구 변화를 민감하게 예측할 수 있는 통찰력을
갖춰야 하므로, 새로운 변화에 잘 적응할 수 있는
유연성과 적응력을 갖추고 있다면 더욱 유리하다.
마케팅 전략을 기획하고 집행하기 위해 예술적 창조력을
갖추고 익숙한 것에 대한 역발상을 할 수 있는 창의력,
그리고 빠르게 변하는 사회의 흐름을 정리하여
데이터로 작성할 수 있는 프로그램 활용
능력과 숫자에 대한 감각도
필요하다.

지격 및 면허

브랜드관리사,
유통관리사,
사회조사분석사,
품질관리사 등

★정부 및 공공 기관★
마케팅공사, 대한무역투자진흥공사(KOTRA),
중소벤처기업부, 한국무역협회(KITA),
국제무역협회(FITA), 통계청, 중소기업진흥공단,
한국방송공사 등

★기업체★
광고 회사 및 이벤트 관련 회사, 또는 각 회사의 마케팅 담당
부서 등

★연구소★
마케팅 관련 국가 · 민간 연구소, 지역 특화
발전 특구 기획단, 디자인 센터,
한국전시산업진흥회(AKEI) 등

진출 분야

관련 학과

경영학과, 경제학과,
마케팅정보컨설팅학과,
광고홍보학과, 컴퓨터공학과,
디지털콘텐츠학과, 관광경영학과,
방송정보학과, 문화정보학과, 사회학과,
사회심리학과, 대학원의
MBA 과정 등

★동아리 활동★

창업 동아리, 미디어 관련 동아리 등
의 활동에 참여하여 마케팅 및 광고
에 대한 감각을 익힐 것을 추천한다.

★봉사 활동★

시장을 방문하여 상인들을 도우며 마
케팅의 기본을 익히거나, 지역의 홍보
마케팅 또는 행사 마케팅에 참여해 볼
것을 권한다.

★독서 활동★

마케팅과 심리학 관련 도서 및 4차 혁
명과 같은 사회 변화에 관한 책을 읽
어 마케팅의 변화에 대처하는 능력을
기른다.

★교과 공부★

사회 및 경제, 외국어 관련 교과에 집
중하고, 컴퓨터 프로그램을 많이 다
루어 보는 것이 좋다.

★교외 활동★

블로그 운영, 지역 사회의 마케팅 행
사, 지방 문화 행사에도 두루 참여하
여 다양한 형태의 마케팅을 경험해
본다.

※평소 사회 현상에 호기심을 갖고 탐구하여 사회
및 경제 교과에서 수상 경력을 쌓거나 교내 창업
관련 행사에 관련된 마케팅에 참여하거나, 다양한
주제에 맞는 UCC를 제작해 보는 것도 좋은 경험
이 된다.

09 방송 작가

관련 학과
문예창작학과
80쪽

1. 방송 작가의 세계

방송 작가는 치열한 방송 세계에서 시청자에게 웃음과 감동을 주기 위해 이야기를 만드는 사람이다. 때로는 아무도 관심을 두지 않거나 알려지지 않은 이야기를 전함으로써 세상을 바꾸는 역할을 하기도 한다. 우리나라에 아직 의료 보험[1]이 정착되지 않은 시절, 어린이 백혈병 환자들을 다룬 다큐멘터리가 방송되자, 안타깝게 세상을 뜨는 아이들을 도울 수 있느냐는 문의 전화로 방송국의 전화가 3일간 마비되었다고 한다. 당시 방송을 계기로 만들어진 후원 단체는 현재까지 운영되고 있다고 한다.

시청자는 때로는 '소확행'[2]과 같은 일상의 소소한 행복과 삶의 질을 강조하는 방송을 통해 위로받고 마음의 안정을 얻기도 한다.

---

1) 우리나라에서는 1989년부터 건강 보험이 시행되어 1989년에 전 국민을 대상으로 확대되었고, 2000년에는 국민 건강 보험으로 명칭이 바뀌었다.
2) 작지만 확실한 행복이란 뜻이다. 덴마크어나 노르웨이어로 편안함, 따뜻함, 안락함을 뜻하는 명사 휘게(hygge)와 맥락을 같이한다.

일요일 늦은 오후는 많은 사람이 심리적으로 압박을 느끼는 시간이다. 한 주의 시작인 월요일을 준비해야 하기 때문이다. 이때 코미디 프로그램을 보며 스트레스를 떨쳐버리기도 하고, 드라마를 보면서 감정을 이입하여 울고 웃기도 한다. 혹은 교양 프로그램을 통해 새로운 정보와 상식을 얻거나, 음악 방송을 들으며 마음을 추스르기도 한다.

일반 작가가 글로써 사람들의 마음을 움직이고 위로하는 존재라면, 방송 작가는 TV나 라디오 같은 미디어 매체를 통해 해당 프로그램의 의도를 전달하거나 자기 생각을 표현하는 사람이다. 방송 작가의 글은 프로그램의 진행자, 드라마의 연기자, 라디오의 DJ 등 여러 방송인이나 매체를 통해 사람들에게 전달된다.

방송은 파급 효과가 크고 사회에 미치는 영향도 매우 강하다. 사람들의 기억에 남는 프로그램의 탄생은 각기 다른 재능을 가진 사람들이 자기가 맡은 분야에서 최선을 다해 협업하며 방송의 완성도를 높인 결과다. 여기에는 밤을 새워 작품을 구상하고 스토리를 엮어낸 방송 작가의 노고도 깃들어 있다. 방송 작가는 새로운 것을 창작하고 방송으로 내보낼 때까지 여러 가지 어려움을 겪는다. 방송의 특성상 끝없이 시청률을 의식해야 하고, 시간에 쫓겨 빠듯하게 작품을 마무리할 경우도 허다하다. 이 때문에 방송 작가는 자신과의 외로운 싸움을 견뎌야 한다.

비록 창조의 과정은 힘들지만, 방송 작가는 방송 제작의 가장 기초적이고 실질적인 역할을 한다. 자기 생각을 글로 표현하여 사람들에게 위로와 용기를 주고, 시청자의 인정과 공감을 이끌어 내는 방송 작가는 매력적인 직업임이 틀림없다.

2. 방송 작가가 하는 일

방송 작가는 프로그램의 제작 기획과 구성, 아이템 선정, 출연자 섭외 등 여러 분야에 걸쳐 다양한 일을 해내야 한다. 방송 작가는 드라마 작가, 구성 작가(교양, 다큐멘터리, 예능, 라디오 등), 번역 작가로 구분할 수 있다.

작가는 계획하고 구상한 방송 프로그램이 완성될 때까지 정신없이 움직인다. 정확하고 공정한 프로그램이 만들어질 수 있도록, 방송이 시작되기 전까지 끊임없이 PD(프로듀서)와 협업하고 확인하는 것이 방송 작가의 역할이다.

드라마 작가
- 대본을 쓰기 위해 주제에 맞는 이야기를 기획한다.
- 드라마의 등장인물을 설정하고 구어체로 이야기를 풀어낸다.
- 장면에 맞는 인물의 표정과 행동, 조명, 음향 등을 고려하여 대본을 작성한다.

교양 작가
- 프로그램 대상에 맞는 주제와 시간대 등을 기획한다.
- 촬영 장소와 인터뷰 대상자를 선정하고 촬영 구성안을 작성한다.
- 촬영 구성이 마무리되면, 방송 내레이션 및 스튜디오 대본을 작성한다.

예능 작가
아이템 선정과 아이디어 회의를 통해 프로그램을 기획한 후, 대본을 집필한다.

방송 작가

라디오 작가
- 주제에 맞게 진행자와 출연자를 섭외하고, 대본을 작성한다.
- 라디오는 영상 없이 진행되기 때문에 원고의 양은 TV에 비해 많은 편이다.

영상 번역 작가
외국어로 된 영화, 드라마, 애니메이션 등을 한국어로 바꾸는 작업을 하며, 자막 번역과 더빙 번역을 한다.

원활한 방송을 위해 방송이 시작된 후에도, 진행자 및 출연자에게 조언을 하거나 대본을 수정하기도 한다.

방송 작가는 방송 소재와 아이디어를 얻기 위해 24시간 일하기도 하고, 출퇴근도 규칙적이지 않다. 밤낮없이 일을 하기 때문에 체력 소모도 큰 편이다. 또한, 메인 작가로 성장할 때까지 5년 이상 끝없이 인내하고 실력을 쌓아야 한다. 다른 직업에 비해 돈을 많이 버는 것도 아니기 때문에 일에 대한 열정 없이는 견디기 힘든 직업이다.

그러나 방송 작가는 프리랜서이기 때문에 다른 직업에 비해 자유로운 분위기에서 작업할 수 있다. 무엇보다도 자신의 경험과 머릿속 아이디어를 글로 재창조할 수 있다는 점, 그리고 다른 직종의 프로들과 협업하여 사회를 좋은 방향으로 이끌 수 있다는 점 등은 방송 작가만의 직업적 매력이라 할 것이다.

가깝기도 멀기도 한 사이 PD와 방송 작가

방송의 총 책임자인 PD와 방송의 대본을 쓰는 방송 작가, 특히 메인 작가는 프로그램의 기획 단계에서부터 종료되는 시점까지 함께 프로그램을 만들어 가는 동지이자 전우이다. 적어도 프로그램이 방송되는 중에는 가장 친밀한 관계를 유지하며 끊임없이 소통해야 한다.

그러나 PD와 방송 작가는 프로그램의 성격이나 구성방식에 대한 이견, 업무 방식의 차이 등으로 충돌하기도 한다. PD와 방송 작가의 협력이 원활하지 않을 경우 전반적인 촬영 분위기와 시청률에 악영향을 미칠 수 있으므로, 작품이 완성될 때까지 서로 배려하는 태도가 필요하다.

🔘 작가와 PD: 여러 편의 드라마를 함께 작업한 마이클 브랜트(왼쪽)와 데릭 하스(오른쪽)

3. 방송 작가에게 필요한 능력

방송 작가는 대본을 쓰는 사람이므로, 기본적으로 글을 잘 써야 한다. 방송 대본은 문학 작품과는 달리 배우나 진행자 등이 말할 내용을 글로 쓰기 때문에 일상적으로 말하는 어투인 구어체로 구성되며, 사람들에게 의미를 잘 전달할 수 있어야 한다.

방송 일을 하다 보면 진행 중인 프로그램의 주제나 방향이 변경되는 경우가 자주 발생한다. 이때 갑작스러운 변화에 당황하지 않고 짧은 시간 안에 프로그램을 새로 구상하고 대본을 쓸 수 있는 민첩함과 순발력이 필요하다. 방송 작가는 연출, 음향, 조명 등 여러 분야의 스태프와 작업해야 하기 때문에 사람들과 끊임없이 소통하고 의견을 조율할 수 있는 원만한 대인 관계 능력과 사회성이 있어야 한다. 특히 PD와 함께 프로그램 진행을 이끌어야 하므로 협업 능력도 필요하다.

또한, 사람과 사회 현상, 사물에 대해 호기심을 가지고 관찰하는 것을 즐길 수 있어야 한다. 평소 방송 소재 개발을 위해 역사적인 사건과 사회 현상, 유행에도 관심을 두는 것이 좋으며, 다양한 경험과 장르에 흥미를 갖는 것이 다음 작품 활동에도 도움이 된다.

흔히 작가는 고독하다고 하지만, 방송 작가는 그럴 틈이 없다. 글쓰기 외에도 전반적인 프로그램 구상 능력, 세련된 감각, 대인 관계 능력 등을 겸비한 만능 엔터테이너로서의 역량이 필요하기 때문이다. 방송 작가는 대본을 쓰는 일뿐 아니라 편집에도 관여하기 때문에 프로그램이 완성되어 방송이 종료되기 전까지 업무가 끝난 것이 아니다. 보통 몇 날 며칠 밤을 새는 일도 허다하기 때문에 강한 체력은 물론 일에 대한 열정과 끈기가 필요하다.

 **구성 작가가 하는 일을 알아 볼까?**

구성 작가는 드라마를 제외한 프로그램들의 기획과 구성, 대본 작성 등에 참여한다. 교양 및 오락 프로그램의 제작 형식을 기획·검토하고 제작에 필요한 자료를 수집·정리하며, 수집한 자료를 기초로 관련 프로그램의 특성에 맞는 원고를 작성하고 출연진을 섭외한다. 즉, 섭외와 자료 조사가 주업무다. PD와 협의하여 프로그램의 제작에 필요한 정보를 제공하며, 수시로 일정을 확인한다. 구성 작가는 출연자, 방송 연출자 등 많은 사람과 접촉하면서 일을 해야 하므로, 원만한 인간관계를 형성할 수 있는 능력이 있어야 한다.

4. 방송 작가와 관련된 학과 및 자격증

- **관련 학과:** 문예창작학과, 국문학과, 방송시나리오극작가, 신문방송학과, 방송연예학과 등
- **관련 자격:** 방송 작가가 되기 위한 국가 공인 자격은 없음.

5. 방송 작가의 직업 전망

방송 매체는 바쁜 현대인들이 가장 쉽게 여가를 보내는 수단이다. 최근에는 스포츠, 의학, 환경, 과학 등 세분화된 전문 채널이 생기면서 지식과 교양을 전달하기도 한다. 현재 방송과 인터넷 매체가 결합한 IPTV, DMB 등이 활성화되어 있고, 지상파 방송 외에도 케이블 및 인터넷 방송이 꾸준히 증가하고 있어서 방송 작가의 수요도 높아질 것으로 보인다. 한류 열풍으로 영화, 드라마 및 예능 프로그램의 수출도 꾸준히 증가하는 추세이고, 이에 따라 우리나라 방송 작가들의 해외 진출도 활발히 이루어지고 있다.

또한, 저작권 개념이 강화되면서 드라마가 책으로 출판되거나 프로그램이 재방송될 때마다 저작권료가 지급된다. 최근 케이블과 인터넷 방송에서 다시보기나 재방송을 통한 시청이 늘어나면서 저작권 소득도 상승하는 만큼 방송 작가의 미래 전망도 밝다고 할

수 있다. 그러나 방송 작가가 되기 위해서는 치열한 경쟁을 뚫고 공모전에 합격해야 하고, 메인 작가가 되기까지 바쁘게 움직이는 방송국에 적응하면서 인맥을 형성해야 하고, 시청률과 싸워야 하는 등 힘든 여정과 많은 시간이 소요된다는 사실을 명심해야 한다.

방송 작가

　방송 작가가 되기 위해서 꼭 들어가야 하는 정해진 학과나 자격 제한은 없지만 글쓰기에 대한 기본기와 실력을 향상할 수 있는 문예창작학과, 국문학과와 관련된 학과나 방송에 대해 전문적으로 배울 수 있는 신문방송학과와 관련된 교육을 받으면 유리하다. 대학 졸업 후에도 대부분 방송에 대한 감각과 인맥을 쌓고 습작 훈련을 받기 위해 방송사 및 언론사 부설 아카데미와 사설 학원 등의 방송 작가 양성 과정을 수료하는 경우가 많다. 교양 및 예능 분야의 구성 작가가 되려면 방송사에서 부정기적으로 실시하는 공개 채용이나 특채를 통과해야 한다.

　일반적으로 방송 작가는 막내 작가와 서브 작가의 단계를 거쳐 메인 작가가 된다. 막내 작가는 아이템과 관련된 자료를 조사하고 출연자를 섭외하거나, 촬영 스케줄을 조율하며, 서브 작가를 보조한다. 서브 작가가 되려면 대략 6개월에서 2년 정도의 시간이 걸린다.

　서브 작가는 코너를 담당하고 대본을 쓰는 작가를 의미한다. 보조 역할에 머물던 막내 작가에서 서브 작가가 되는 것을 '입봉'했다고 하는데, 대본은 쓰지만 메인 작가를 돕기 때문에 서브 작가라고 불린다. 메인 작가가 되려면 대개 3~5년 정도의 시간이 걸린다.

　메인 작가는 프로그램을 책임지고 전체 대본을 쓰는 작가다. 개인의 능력에 따라 차이는 있으나, 메인 작가가 되려면 많은 시간과 노력이 필요하다. 메인 작가는 프로그램 제작 시 PD와 동등한 권한을 가지며, 자기 의견을 프로그램에 반영하고, 리더십을 발휘하여 프로그램을 이끌어 간다.

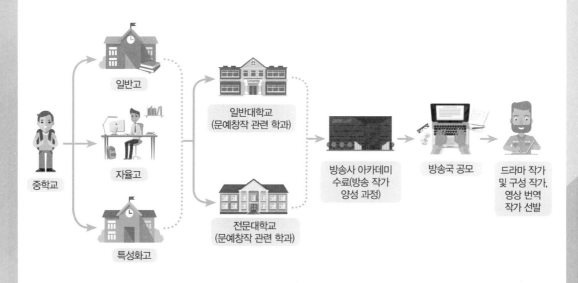

일반고

자율고

특성화고

중학교

일반대학교
(문예창작 관련 학과)

전문대학교
(문예창작 관련 학과)

방송사 아카데미
수료(방송 작가
양성 과정)

방송국 공모

드라마 작가
및 구성 작가,
영상 번역
작가 선발

◎ 방송 작가의 커리어 패스

문예창작학과

학과 소개

문예창작학과는 창의적인 문화 예술
활동을 기반으로 문학 이론과 창작 기법을 연구
한다. 시, 소설, 희곡, 수필 등의 전통 문학과 대중 문학,
비평, 영상 문학, 사이버 문학 등 다양한 영역에 걸쳐
이론과 실기 교육을 병행한다.
국어와 문학 작품을 매개로 표현 능력을 향상시켜
독창적이고 창의적인 습작 능력을 갖추고, 작품 활동을
통해 사회상을 반영하여 가치를 전달하고 인류애를
실현할 수 있는 인재를 양성한다. 또한 작품 활동을
통한 국문학의 정체성을 널리 알리고, 세계화에
이바지하며 미래 사회의 정신적 가치
창조에 기여한다.

관련 학과

미디어문예창작학과,
방송문예창작학과,
영상문학전공, 국어국문 · 창작학과,
국어국문 · 문예창작학과,
문예창작비평학과,
미디어문예창작학과, 극작가,
스토리텔링학과,공연영상창작학부,
예술창작학부 등

진출 직업

소설가, 시인, 방송 작가,
비평가, 번역가, 방송연출가,
스크립터, 광고 및 홍보
전문가, 기자, 독서지도자,
인문과학연구원 등

자격 및 면허

국어능력인증시험,
한국어교육능력
검정

진출 분야

★정부 및 공공 기관★
중앙 정부 및 지방 자치 단체 공무원

★기업체★
출판사, 광고 기획사, 광고 대행사,
기업 일반 사무직, 사설 학원 등

★언론사★
신문사, 잡지사, 방송국

★연구소★
언어 · 문학 관련 국가 및 민간 연구소, 문화
콘텐츠 관련 국가 및 민간 연구소 등

적성 및 흥미

평소 책 읽기와 글쓰기를 좋아해야 한다.
문예 창작학과의 주된 활동은 창작이므로 새로운
스토리를 구성하고 글로 표현하는 것에 흥미가 있으면
더욱 좋다. 예술적 감수성과 풍부한 상상력으로
일상생활에서 새로운 아이디어를 내거나 다른 시각으로
접근할 수 있으면 더욱 유리하다.
글쓰기의 소재는 특정한 제한이 없고, 무궁무진하므로
끊임없이 사고하고 새로운 경험을 시도할 수 있는
여유로움을 갖추어야 한다. 창작의 과정은 시간의
기약이 없는 힘든 여정이다. 일에 대한 확고한
주관을 바탕으로 자부심과 인내심을
갖추고 있다면 더욱 유리할
것이다.

★동아리 활동★

방송반에서 원고 쓰기를 담당하거나,
독서 관련 동아리에서 여러 종류의
글을 쓰며 많은 경험을 쌓을 것을 추
천한다.

★봉사 활동★

도서관 봉사 활동을 통해 다양한 작품
을 접하고, 보육원 및 지역 상담 센터
에서 재능 기부를 하는 경험도 도움이
된다.

★독서 활동★

문학 작품 외에도 다양한 시각에서 사
회 현상을 파악하는 데 도움이 되도록
여러 분야의 책들을 탐독해야 한다.

★교과 공부★

언어를 매개체로 작업해야 하므로
국어, 사회 교과에 집중하고 논술과
에세이 등 많은 글을 써 보는 것이
좋다.

★교외 활동★

글을 써 본 경험이 실력이 될 수 있으
므로 수기 공모에 참여하거나, 외부
단체 및 대학에서 진행하는 글쓰기
대회에 참여하여 경력을 쌓으면 도움
이 된다.

※기본적으로 글쓰기 대회에서 수상한 경력이나 축
제와 같은 행사의 대본을 쓰거나 교내의 표어 및
편지 쓰기 등 다양한 창작 활동에 참여하는 것도
큰 도움이 된다.

10 소믈리에

관련 학과
와인발효·식음료
서비스학과
88쪽

1. 소믈리에의 세계

“ 한 병의 와인에는 세상의 어떤 책보다 더 많은 철학이 들어 있다. ”

– 파스퇴르(Pasteur)

와인은 고대 이집트와 메소포타미아 지역에서 발달하여 그리스와 로마를 거쳐 유럽으로 전해졌다. 그 후 와인은 유럽에서 정신적 원기와 위로, 철학적 영감을 주는 기호 식품으로 자리 잡았다.

소믈리에(sommelier)의 사전적 의미는 ‘식료품 담당자’, ‘술을 담당하는 사람’이다. 원래는 식품을 보관하고 맛을 미리 감별하여 영주에게 식품이 안전한지를 알려 주는 ‘솜(somme)’에서 유래하여 왕궁에서 와인과 음식을 준비하고 술잔을 따라 올리는 소믈리에로 발전하였다. 1900년 이후 프랑스의 한 레스토랑은 와인을 전문으로 담당하는 직원을 두면서 사람들의 관심을 받기 시작하였다. 사람들은 왕을 접대하는 소믈리에의 서비스를 받을 수 있다는 사실에 기뻐하였고, 그 후로 소믈리에는 레스토랑에서 와인을 책임지는 사람으로 널리 알려지게 되었다.

△ 포도 수확하는 모습을 묘사한 로마 시대 모자이크화

와인은 비바람을 맞으며 익은 포도와 토양의 상태에 따라 그 맛이 달라진다. 와인 한 병에는 자연의 시간과 빚은 이의 정성이 오롯이 담겨 있다. 이처럼 자연과 인간이 빚어낸 와인의 매력은 역사 속에서 증명되었다. 유럽인들은 철학, 문학을 통해 와인을 삶의 원동력이자 안식처로 표현하였다. 우리나라도 삶의 여유와 가치를 중시하면서 단순한 술이 아닌 일상 문화로서 와인에 관심을 가지는 사람들이 많아졌다. 이러한 사회 변화와 함께 자연환경, 숙성 과정, 장인의 손길 등에 따라 다양한 맛과 향기를 지닌 와인을 관리하고 음식에 맞게 추천하는 소믈리에도 주목받기 시작하였다.

지금은 호텔이나 레스토랑에서 소믈리에를 만날 수 있고, 백화점이나 마트, 와인 전문점 등에서 와인도 쉽게 살 수 있다. 최근 삶의 질이 강조되면서 와인의 맛과 향에 매료된 사람들이 점차 늘어나고 있다. 이와 함께 소믈리에의 영역도 와인뿐 아니라 브랜디, 전통주, 차(tea), 물(water) 등으로 확대되고 있다.

그것이 알고 싶다 프랑스 와인이 유명한 이유는 무엇일까?

와인의 원료인 포도는 여름이 덥고 건조하며 겨울에도 춥지 않은 지중해성 기후에서 잘 자란다. 적포도는 햇볕이 강한 지역에서, 청포도는 약간 서늘한 기후에서 재배하기 적합하다. 포도 재배에 적합한 기후와 토질을 모두 갖춘 프랑스에서는 일찍부터 최고 품질의 청포도와 적포도를 생산하였다.

이러한 환경적 요인과 엄격한 품질 관리 제도로 프랑스 와인의 명성은 더욱 높아졌다. 프랑스는 20세기 초부터 A.O.C.(Appellation d'Origine Contrôlée) 제도에 따라 포도 재배 장소의 위치와

△ 보르도 지방의 포도 재배지

명칭을 관리함으로써 프랑스 와인의 명성을 보호하고 품질을 유지하는 데 힘쓰고 있다. 프랑스 와인의 주요 생산지는 알사스, 르와르, 보르도, 부르고뉴, 론느, 상파뉴 등이다.

2. 소믈리에가 하는 일

소믈리에는 고객이 주문한 음식에 맞게 와인을 추천하거나 설명하는 일을 하므로, 레스토랑의 모든 와인을 파악하여, 고객의 취향에 맞게 와인을 추천할 수 있어야 한다. 소믈리에는 협회가 정한 규정에 따라 흰색 와이셔츠에 검은색 상·하의, 조끼, 넥타이와 앞치마를 두른다. 조끼 주머니에는 와인 병을 따는 스크루(screw)와 성냥을 넣어 둔다. 또한, 와인을 시음할 때 사용하는 잔인 타스트뱅(tastevin)을 목에 건다.

와인을 취급하는 호텔이나 레스토랑, 바(Bar) 등에서 고객이 주문한 요리에 어울리는 와인을 추천한다. 때로는 와인에 맞게 요리를 추천하기도 한다.

와인의 품목을 선정하고 구매하여 와인 리스트를 작성한다. 와인의 주문, 품목 선정, 구매와 저장, 재고 관리 등 레스토랑에서 와인에 관련된 모든 업무를 책임진다.

고객의 취향을 파악하여 고객이 원하는 와인의 맛과 특징, 원산지 등을 설명하고 골라 준다.

와인의 맛에 따른 포도의 품종, 숙성 방법, 원산지, 수확 연도 등을 파악하고 어울리는 음식, 장소, 대상 등을 연구한다. 와인에 관한 전문 지식과 기술을 향상시키기 위해 블라인드 테스팅(blind testing)을 통해 노력하고 연구한다.

소믈리에는 와인에 대한 지식을 알아가며 자부심을 느낄 수 있는 매력적인 직업이다. 고객에게 알맞은 서비스를 제공하여 기억에 남을 추억을 선사했을 때 직업적 긍지와 보람을 느끼기도 한다. 하지만 모든 직업이 그러하듯, 멋지게 제복을 차려입고 격식에 맞는 에티켓으로 와인을 안내하는 소믈리에의 생활이 마냥 화려하기만 한 것은 아니다. 서비스업의 특성상 주말을 포함하여 평일에도 밤늦게까지 근무해야 하고, 레스토랑 관리에서 청소에 이르기까지 전반적인 일을 해야 한다.

3. 소믈리에에게 필요한 능력

소믈리에는 섬세한 미각으로 와인의 질감, 단맛, 신맛 등 미묘한 맛의 차이를 감별해 낼 줄 알아야 한다. 미각과 더불어 와인 향을 잘 구별할 수 있는 후각도 발달해야 한다. 각종 요리와 분위기에 맞는 와인을 추천하기 위해서는 와인에 관한 해박한 지식을 갖추어야 하므로, 끊임없이 새로운 와인을 접하고 항상 공부하는 자세를 지녀야 한다.

서비스 직군에 속하는 소믈리에는 사람을 상대하는 직업이므로 사교성과 대인 관계 능력이 있어야 한다. 고객의 취향을 파악하여 고객이 좋아할 만한 와인에 관해 설명하고 대화를 통해 와인 구매까지 이어지게 하려면 원활한 의사소통 능력이 필요하다. 특히, 제조 담당자를 만나거나 수입 및 판매 업무를 담당하고 외국인 고객을 상대하려면 외국어 능력을 갖추는 것이 한층

유리하다. 평소 외국의 요리 프로그램을 즐겨 보고, 다양한 지역의 와인을 시음해 보며, 기후와 지역에 대한 맛의 차이를 고민하는 동시에 와인과 요리의 알맞은 조합을 꾸준히 공부하고 정리하는 것도 필요하다.

그것이 알고 싶다 와인 소믈리에 외에 어떤 소믈리에가 있을까?

• 전통주 소믈리에

와인 소믈리에와 마찬가지로 식당을 찾아온 손님에게 가장 적합한 전통주를 추천한다. 전통주 소믈리에는 전통주에 대한 관심이 높아지는 사회적 분위기 속에서 등장하였다. 전통주에 익숙하지 않은 사람이나 외국인에게 전통주를 소개하고, 음식과 어울리는 전통주를 개발하며, 서비스 역량을 기른다. 한식의 세계화와 더불어 전통주가 세계 시장에 진출할 수 있으려면 전통주 소믈리에의 역할과 가치가 매우 중요하다.

• 채소 소믈리에

채소와 과일의 맛과 영양학적 가치를 연구하고 사람들에게 채소의 종류와 보관법, 조리법 등을 소개한다. 채소를 다양한 방법으로 섭취할 수 있도록 홍보하여, 사람들이 건강한 삶을 영위하도록 한다.

4. 소믈리에와 관련된 학과 및 자격증

• **관련 학과:** 와인발효 · 식음료서비스학과, 식품영양학과, 식품조리과, 외식경영학과 외식산업학과, 호텔경영학과, 조리 · 외식서비스경영학과 등
• **관련 자격:** 와인 소믈리에, 전통주 소믈리에, 바리스타, 조주기능사 자격 등

5. 소믈리에의 직업 전망

최근 세계 각국과 체결한 자유 무역 협정(FTA) 등에 따른 수입 개방과 맞물려 와인 수입량이 매년 증가하고 와인 가격도 대중화되었다. 이제 와인은 고급 호텔에서나 맛볼 수 있던 고급 음식이 아니라 많은 사람이 즐기는 기호 식품이 되고 있다. 백화점, 대형 마트, 와인 전문점, 편의점에서도 쉽게 와인을 살 수 있게 되었고 와인 판매량도 급증하였다.

와인 판매량의 증가는 와인 산업의 성장을 가져왔다. 와인 수입업체와 제조업체, 유통업체, 와인 전문 매장 등이 늘어났다. 일반인들도 와인에 관심 가지고 와인을 전문적으로 배우길 희망해 관련 교육 과정이 많이 개설되었다. 이에 따라 와인 전문가인 소믈리에에 대한 강의 요청도 늘어나는 추세이다.

개인의 휴식과 여가 문화가 확산되면서 와인의 인기가 높아지고 있으며, 이와 더불어 소믈리에의 수요도 증가할 것으로 보인다. 또한, 소믈리에의 영역도 와인 마케터, 와인 평론가 등으로 전문화되는 경향이다.

그것이 알고 싶다 로봇이나 인공 지능도 소믈리에가 될 수 있을까?

일본에는 전문 소믈리에와 자동 대화 프로그램을 통해 와인과 사케(일본술) 관련 지식을 데이터베이스화하여 스마트폰과 인터넷을 이용해 고객과 소통하는 인공 지능 '긴테스의 달인'이 있다. 그리고 휴머노이드 로봇 '페퍼'는 보드를 부착하여 고객이 입력한 정보를 기초로 고객에게 알맞은 와인을 추천하기도 하였다.

2018년 우리나라의 그랜드 인터콘티넨탈 호텔에서도 인공 지능(AI) 소믈리에가 처음 등장하였다. 이 AI 소믈리에는 큰 와인 통과 고객의 표정을 인식할 수 있는 카메라를 두고 태블릿 PC에 가벼움–질감–부드러움–단맛 등 선호하는 입맛을 선택하여 3가지 선호도를 입력한 후에 블렌딩(blending)*한 와인을 제공한다. 와인을 제공한 뒤에는 카메라를 통해 고객의 얼굴을 인식하여 만족도를 평가한다.

인간의 미각은 섬세해서 기준을 정하기 매우 어렵다. 따라서 한정된 데이터를 기반으로 한 인공 지능 소믈리에의 기능은 아직 완벽하지 않다. 그러나 기술 발전에 따라 머지않은 미래에 로봇이 추천하는 맛있는 와인을 맛볼 수 있을 것이다.

◎ AI 소믈리에 체험 홍보 행사

*블렌딩: 여러 종류의 술이나 음료 등을 조합하는 것

소믈리에

소믈리에가 되는 데 학력 제한은 없으나, 와인에 관한 지식과 구매 · 저장 · 관리 · 판매 및 경영 능력 등을 갖추어야 하므로, 와인 및 서비스에 대한 체계적인 교육을 받는 것이 유리하다. 소믈리에가 되는 방법은 다양하다. 대학의 와인 · 식품 · 조리 · 서비스 등의 관련 학과를 통해 필요한 교육을 받을 수 있고, 평생 교육원에 개설된 교육 과정을 이수할 수도 있다. 이 밖에 소믈리에 전문 학원에서 교육과 훈련을 받거나, 호텔이나 레스토랑에서 근무한 경험을 살려 소믈리에 업무를 배울 수도 있다.

교육을 받은 후에는 대부분 호텔이나 레스토랑, 와인 바 등에 취업하여 실무 경력을 쌓으면서 소믈리에로 성장한다. 아직 소믈리에를 대상으로 하는 국가 공인 자격은 없지만, 한국 소믈리에 협회 등에서는 민간 자격증을 발급하고 있다.

대부분 소믈리에 자격시험은 필기시험과 실기시험으로 이루어진다. 필기시험은 와인의 역사, 와인의 종류와 특징, 와인 보관법 등을 평가하고, 실시시험은 와인 감별, 와인 서비스, 와인에 대한 설명 등을 평가한다. 외국에 유학하여 국제 자격증을 취득하거나, 소믈리에 대회에 참가하여 수상함으로써 와인에 관한 능력을 증명할 수도 있다. 해외 유학을 통해 소믈리에 자격을 갖춘 뒤 호텔이나 유명 레스토랑에 취업할 수도 있지만, 현장에서 웨이터나 바텐더 등의 경력을 쌓으며 서비스 정신의 기반을 갖추고, 고객을 응대하면서 실무를 경험하는 것이야말로 가장 중요한 자산이라 할 수 있다.

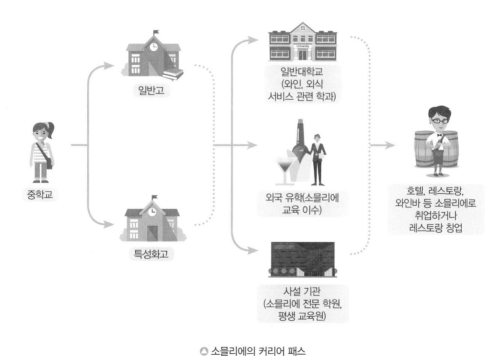

△ 소믈리에의 커리어 패스

와인발효·식음료서비스학과

학과 소개

경제의 고도성장 이후 삶의 질이 강조되면서 외식 및 음주 문화의 변화를 선도할 수 있는 전문가를 양성하기 위해 와인, 커피와 음료, 주류 및 발효 식품 분야의 필요한 지식을 쌓고 실무 능력을 향상하는 것을 목표로 한다. 식음료 분야의 세계화를 위해 와인 발효·식음료 메뉴를 개발하고 주류 발효 산업과 호텔 및 외식업체 등의 식음료 서비스 산업 분야에 필요한 전문 인력을 양성한다.

진출 직업

와인 소믈리에, 전통주 소믈리에, 와인 및 전통주 양조 전문가, 감별사 트레이너, 바리스타, 제과·제빵사, 조주 기능사, 식품 위생사, 와인 및 전통주 마케터, 식음료 평론가 등

관련 학과

와인발효·식음료서비스학과, 식품영양학과, 식품조리과, 외식경영학과, 외식산업학과, 호텔경영학과, 조리·외식 서비스경영학과 등

와인소믈리에, 커피바리스타,
전통주소믈리에, 제과 · 제빵기능사,
조주기능사, 식품(산업)기사,
식품위생사, 국제바텐더 자격증,
베버리지마스터 자격증,
와인어드바이저 자격증 등

자격 및 면허

★**동아리 활동**★

바리스타 및 칵테일 동아리, 요리 및 제과 · 제빵 동아리 활동을 통해 전공과 관련된 경험을 쌓을 것을 추천한다.

★정부 및 공공 기관★
식품 위생직 공무원, 영양사, 위생사 등
★기업체★
호텔, 리조트, 테마파크, 레스토랑, 와인 및 전통주 유통업체 등
★연구소 및 협회★
와인 및 전통주 제조업체, 한국 소믈리에 협회 등

★**봉사 활동**★

무료 급식소나 사회 복지 시설 및 교내 식당 등에서 봉사 활동을 꾸준히 하면 많은 도움이 된다.

★**독서 활동**★

식음료 전공 분야와 동 · 서양의 역사나 문화와 관련된 책들을 꾸준히 탐독할 것을 권장한다.

진출 분야

적성 및 흥미

★**교과 공부**★

통합 사회 및 외국어 과목의 학업 역량을 발휘하는 데 노력한다.

기본적으로 음식에 관심이
많아야 하고, 섬세한 미각을 지녀야 한다.
소믈리에는 대부분 호텔이나 레스토랑 등의 외식업
체에서 근무하므로 사람들을 상대하며 자연스럽게
관계를 맺을 수 있는 대인 관계 능력이 필요하다.
다양한 사람들과 대화를 통해 상대방의 흥미와 취향을
읽을 수 있는 의사소통 능력과 순발력, 서비스
정신이 필요하다. 외국인을 상대하는 일이
많은 직업이므로 외국어 실력이 좋으면
더없이 유리하다.

★**교외 활동**★

지역 축제 및 동아리 연합 축제 등을 통해 식음료를 판매하거나 부스 운영에 적극적으로 참여하여 올바른 서비스 정신을 기르도록 한다.

※교내 외국어 말하기 대회에 참가하여 수상한 경력이나, 학교 행사에 적극적으로 참여한 경험이 많으면 성실성과 사회성을 증명할 수 있으므로 유리하다.

11 스포츠 에이전트

관련 학과
스포츠마케팅
학과
96쪽

1. 스포츠 에이전트의 세계

🔺 추신수 선수와 스포츠 에이전트 스콧 보라스(맨 오른쪽)

　　미국에서 메이저 리그 신시내티 레즈에서 활약하다가 2013년 시즌이 끝난 후 **자유**
　　┗ 일정 기간 소속팀에서 활동한 뒤에, 다른 팀으로 자유롭게 이적할 수 있는 선수
계약 선수(FA: free agent)가 된 추신수는 텍사스 레인저스와 7년간 총액 1억 3,000만
달러의 초대형 계약을 맺고 팀을 옮겼다. 경기와 훈련에만 집중해야 할 운동선수가 어
떻게 메이저 리그 팀을 상대로 천문학적인 계약을 성사시킬 수 있었을까? 이 계약은 '악
마의 손'이라 불릴 정도로 막강한 영향력을 지닌 스포츠 에이전트 스콧 보라스(Scott
Boras)의 작품이다. 보라스는 철저한 자료 조사를 통한 협상의 귀재로, 선수의 가치를
극대화하여 선수들에게 큰 이익을 가져다주기로 유명하다. 그는 또한 박찬호, 류현진 선
수의 에이전트로서 거액의 계약을 성공시킨 바 있다.

스포츠에 대한 관심이 커지면서 스타 선수들의 몸값이 치솟고 있고 스포츠 시장 역시 빠르게 성장하고 있다. 이에 따라 뛰어난 선수들은 '움직이는 기업'이라 할 정도로 큰돈을 벌면서 연예인에 버금가는 인기를 누리기도 한다. 스타 선수는 팀과 기업의 이미지를 대표하므로, 철저한 보호와 관리를 받는다. 스포츠 에이전트는 agent: 대리인 선수들이 경기와 훈련에 집중하고 최상의 컨디션을 유지할 수 있도록 선수의 계약 및 외부 활동을 대신 수행하여, 선수의 능력과 역량에 따라 정당한 대우를 받을 수 있도록 노력한다.

스포츠 에이전트는 때로는 출세 지향적이며 금전적 이익만 추구한다고 오해받기도 하지만, 결국 선수와 함께 성장하는 동반자라 할 수 있

○ 스포츠 에이전트의 세계를 다룬 영화, 〈제리 맥과이어〉

다. 에이전트는 스타 선수를 관리하여 좋은 대우를 받을 수 있도록 이끌 뿐만 아니라, 신인 선수를 발굴하여 스타 선수로 성장할 수 있도록 도와주기 때문이다.

1996년에 개봉한 미국 영화 '제리 맥과이어'를 통해 스포츠 에이전트의 세계를 엿볼 수 있다. 이 영화의 주인공 제리는 "중요한 것은 돈이 아니라 인간이다."라는 신념을 가진 스포츠 에이전트이다. 제리는 자신에게 남은 마지막 선수의 인생에 대해 진실한 관심을 기울이고 그의 숨겨진 능력을 끌어내 마침내 스타 선수로 키워 낸다. 이처럼 스포츠 에이전트는 스포츠에 대한 열정을 가지고 선수들과 동고동락하며 성장의 경험을 공유하는 조력자이다.

그것이 알고싶다 에이전트는 어떻게 구분될까?

에이전트는 선수 에이전트와 매치 에이전트로 구분된다. 축구의 경우를 예로 들면, 선수 에이전트는 일반적으로 선수를 대신하여 재계약, 이적 등의 업무를 담당한다. 한편, 매치 에이전트는 대결할 상대를 찾아 경기를 성사시키는 일을 한다. 매치 에이전트를 통해 경기가 이루어지는 사례로 국가 간 친선 경기를 들 수 있다. 매치 에이전트가 해당 국가의 축구 협회에 경기 의향서를 제출하면, 축구 협회는 이를 수락한 후 국제 축구 연맹에 승인을 요청하는 것이다. 매치 에이전트는 경험이 풍부해야 하고, 축구 협회와 친밀한 관계를 유지해야 하며, 구단과도 인적 네트워크를 형성해야 한다.

2. 스포츠 에이전트가 하는 일

스포츠 에이전트는 선수를 대리하여 구단과 광고주 등을 상대로 법률적 계약과 관련된 일을 처리한다. 즉, 선수가 자신의 기량을 개발하고 운동에만 전념할 수 있도록 운동과 훈련 외의 모든 것을 총괄하고 책임지는 것이다.

선수로부터 권한을 위임받아 소속 팀과의 재계약, 다른 구단으로의 이적, 연봉 협상 등을 대행한다.

선수의 자산 관리, 일정 관리, 선수 가족 지원, 언론 홍보, 팬클럽 관리 등 사적인 부분의 업무도 수행한다.

선수를 대신하여 스포츠 관련 회사와 계약을 체결하여 마케팅, 광고, 이미지 관리 등의 업무를 수행한다.

잠재력이 있는 신인 선수를 발굴하여 후원 회사와 계약을 체결하고 훈련 및 법률 서비스를 지원한다.

시합이나 경기 일정에 관한 정보를 수집하고 훈련 프로그램을 제공하며 운동량과 컨디션, 의료 지원 등을 제공한다.

그것이 알고싶다 스포츠 에이전트의 수수료를 알아볼까?

스포츠 에이전트는 선수의 연봉이나 광고 수입에 비례하여 수수료를 받는다. 미국 프로 스포츠 에이전트는 선수 연봉의 3%에서 10% 정도를 수수료로 받으며, 선수가 후원이나 광고 계약을 맺을 때는 해당 금액의 10%에서 20% 정도를 받는다. 미국의 경우 프로 농구와 프로 축구의 에이전트 수수료는 선수 연봉의 3%를 넘지 못하도록 되어 있으나, 프로 야구와 아이스하키 리그는 수수료 상한선이 없다. 미국 프로 야구 리그의 대표적인 에이전트 스콧 보라스는 2017년에 1억 달러 이상의 수수료를 벌어들였다.

국내 프로 스포츠 시장은 그 규모가 크지 않아서 미국의 슈퍼 에이전트처럼 거액의 수수료를 챙기는 에이전트는 아직 없다. 국내 프로 축구의 에이전트는 선수 연봉의 10% 정도를 수수료로 받는다. 선수가 다른 구단으로 이적할 때 이적료의 10%가 에이전트 몫이다. 외국인 선수의 경우 연봉의 5%를 수수료로 받는다. 그리고 매치 에이전트는 홈팀 축구 협회가 방문 구단에 지급하는 순수 초청료의 10%를 수수료로 받는다.

스포츠 에이전트는 자신이 오랫동안 관리해 온 선수가 좋은 구단에 입단하여, 뛰어난 선수로 성장할 때 큰 보람을 느낀다. 비즈니스 관계를 벗어나 오랜 기간 정성을 다해 관리한 선수의 성장 과정을 함께 할 수 있기 때문이다. 그러나 선수의 계약이 성사되어야 수수료를 받기 때문에, 구단이나 선수와의 갈등으로 계약이 성사되지 않을 때는 수입이 없는 경우도 허다하다. 가치가 높은 스타 선수의 계약이 성사되면 많은 수수료를 받

을 수 있지만, 항상 계약이
성사되는 것은 아니다. 선수
관리 비용을 미리 지급했음
에도, 그에 따른 수입이 없
을 때도 있다. 또한, 선수의
모든 부분을 관리하고, 전국
을 다니며 스포츠 경기를 관
람하고 분석해야 하므로, 육
체적·정신적인 스트레스도
큰 편이다.

◐ 세계적인 축구 선수 호날두와 메시
스포츠 에이전트는 선수를 대리하여 법률적 계약을 하며, 선수가 운
동에만 전념하도록 한다.

3. 스포츠 에이전트에게 필요한 능력

스포츠 에이전트는 스포츠에 대한 애정과 열정 그리고 해박한 지식을 지녀야 하고,
유망 선수를 발굴하기 위해 늘 운동 경기를 관람해야 한다. 기본적으로 스포츠를 좋아하
고 외부 활동을 하는 것에 익숙해야 한다.

스포츠 에이전트는 해외를 오가며 인적 네트워크를 형성하고, 능력 있고 치밀한 협
상 전문가들 사이에서 유리한 조건의 계약을 맺어야 한다. 이를 위해서는 대인 관계 능
력이 좋아야 하고, 때로는 자신의 요구를 강하게 관철할 수 있는 배포도 있어야 한다. 이
처럼 스포츠 에이전트는 사교적 성격과 강한 체력으로 무장해야 하는 직업이다.

스포츠 에이전트는 선수와 구단 사이를 연결하여 선수의 이익을 극대화하여 계약을
성사시켜야 하므로, 상대방의 이야기를 잘 듣고 이해하며, 선수의 요구 사항을 조율할
수 있는 협상 능력이 있어야 한다. 따라서 상대방을 설득할 수 있는 논리력과 언어 능력
이 필요하다. 또한, 외국인과 협상에 필요한 외국어 능력을 갖추는 것이 유리하다.

선수가 성공해야 스포츠 에이전트도 성공할 수 있다. 에이전트가 아무리 노력해도
결과가 뒤따르지 않을 수도 있음을 명심해야 한다. 스포츠 에이전트는 미래가 불투명한
상황에서도 선수를 위해 헌신하고 보좌하려는 태도, 그리고 타인에 대해 배려하고 봉사
하려는 정신을 지녀야 한다.

평소 많은 운동선수를 직·간접적으로 접해 보는 것이 좋으므로, 경기장을 직접 찾
아서 경기를 보거나 텔레비전 같은 매체를 통해 꾸준히 경기를 시청할 필요가 있다. 또,
각 스포츠 종목의 유명한 선수들의 특징을 관찰하여 관련 지식을 쌓는 것이 좋다.

4. 스포츠 에이전트와 관련된 학과 및 자격증

- **관련 학과:** 스포츠마케팅학과, 스포츠산업학과, 스포츠경영학과, 경영학과, 체육학과, 사회체육학과, 법학과 등
- **관련 자격:** 스포츠경영관리사, 경기지도자, 레크레이션지도자 등

5. 스포츠 에이전트의 직업 전망

스포츠에 관한 관심이 커지면서 흥행에 성공하는 운동 종목이 늘어나고, 스타 선수들의 인기도 날로 높아지고 있다. 다양한 종목의 유명 선수들이 해외 리그에 활발히 진출하면서 엄청난 경제 효과를 일으키기도 하였다. 그리고 올림픽이나 월드컵과 같은 국제 대회의 유치를 계기로, 이제 스포츠는 고부가 가치를 창출하는 산업으로 성장하였다. 아직은 국내 스포츠 시장이 크지 않지만, 스포츠 관련 사업이 차지하는 비중이 점차 증가하는 추세이다.

현재까지는 에이전트 제도가 프로 축구(K 리그)와 프로 야구(KBO 리그)에 한정되어 있다. 하지만 선수들을 둘러싼 다양한 환경 속에서 선수들의 권익을 보호하고 그들의 기량과 가치를 높일 수 있도록 관련 제도를 보완할 필요성이 커지고 있다. 또한, 국내에서 활동하는 외국인 선수들과 해외로 진출하는 자국 선수들에게만 에이전트 제도를 허용하는 것이 불공정하다는 목소리도 높아지고 있다. 이처럼 스포츠 에이전트의 중요성이 점차 커지고 있으므로, 앞으로 다른 경기 종목에도 스포츠 에이전트 제도가 도입될 것으로 보인다. 스포츠 에이전트의 수요가 당장 큰 폭으로 증가하지는 않겠지만, 그 필요성과 중요성이 점점 커지고 있고 스포츠 관련 산업도 꾸준히 상승하는 추세이므로 스포츠 에이전트의 전망은 밝다고 할 수 있다.

스포츠 에이전트

커리어 패스

스포츠 에이전트가 되기 위한 학력 제한이나 특정 전공은 없지만, 스포츠와 규정에 대한 법적인 지식과 선수들의 훈련 및 마케팅에 대한 관리 능력이 필요하다. 스포츠 에이전트와 관련된 스포츠마케팅학과, 경영학과, 체육학과, 사회체육학과, 법학과 등을 전공하면 유리하다. 스포츠 에이전트는 스포츠에 대한 전반적인 이해와 선수들을 관리하고 지원하기 위한 경영학적인 전문성, 법률적 지원을 위한 법학적인 지식을 갖추면 더욱 좋다.

스포츠 에이전트가 되는 데 학력이나 전공 제한은 없지만, 스포츠 규정에 관한 법률 지식과 선수들의 훈련 및 마케팅을 관리할 능력이 있어야 한다. 스포츠 에이전트와 관련된 스포츠마케팅학과, 경영학과, 체육학과, 사회체육학과, 법학과 등을 전공하면 유리하다. 스포츠 에이전트는 스포츠에 대한 전반적 이해와 더불어 선수를 관리하고 지원하기 위한 경영학적 전문성, 법률 지원을 위한 법학적 지식 등을 갖추면 매우 좋다.

현재 우리나라의 프로 축구 K 리그에서는 중개인 제도를 시행하고 있다. 국제 축구 연맹(FIFA)에서 시행하던 에이전트 자격시험이 2015년부터 폐지됨에 따라, 대한 축구 협회에 등록된 중개인만이 스포츠 에이전트로 활동할 수 있다. KBO(한국 야구 위원회) 리그에서도 선수들을 보호하고 지원하기 위해 2018년부터 공식 에이전트 제도를 시행하였다. 에이전트 제도에 관심 있는 사람이면 누구나 자격시험에 응시할 수 있으며 총 4과목의 시험을 치러야 한다. 1과목 KBO 리그 대리인 규정 · 표준 선수 대리인 계약서, 2과목 KBO 규약 · 야구 선수 계약서 · 협정서, 3과목 KBO 리그 규정, 4과목 프로 스포츠 도핑 규정 · 국민체육진흥법 · 계약법으로 구성된다. 4과목 모두 60점 이상이면 합격하여, 스포츠 에이전트 자격을 취득할 수 있다.

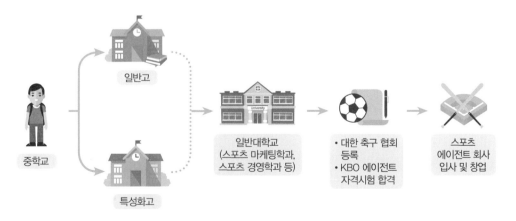

△ 스포츠 에이전트의 커리어 패스

대학교 관련 학과

스포츠마케팅학과

학과 소개

스포츠마케팅학과는 스포츠에
관한 전문 지식을 연구하여 스포츠 관련
자격증을 취득할 수 있도록 하고, 현장 중심의
마케팅 기법에 관한 교육 과정을 제공하여 마케팅
역량을 함양하도록 한다.
스포츠 산업 핵심 분야인 스포츠 마케팅, 스포츠 경기,
스포츠 제조 유통에 대한 마케팅 기법을 교육하여 국내
스포츠 산업을 선도할 수 있는 스포츠 경영 관리자와
스포츠 마케터, 벤처 경영인을 양성한다. 또한, 세계
스포츠 산업에 대한 이해를 바탕으로 글로벌
감각을 갖춘 스포츠 전문가로서 성장할 수
있도록 교육 과정을 제공한다.

진출 직업

스포츠마케터,
스포츠에이전트,
스포츠전문기자, 스포츠트레이너,
스포츠강사, 광고기획자,
레크리에이션진행자 등

관련 학과

스포츠산업학과,
스포츠경영학과, 경영학과,
경제학과, 체육학과,
사회체육학과, 법학과,
스포츠의학과 등

KBO에이전트
자격증, 경기지도자,
스포츠경영관리사,
레크리에이션지도자,
생활체육지도사,
유아체육지도자 등

자격 및 면허

★동아리 활동★

운동 동아리 및 토론 동아리 활동을
통해 운동 감각 및 말하기 능력을 향
상시킬 것을 권장한다.

★봉사 활동★

활동 영역의 제한은 없지만, 운동 경
기장 내의 주차장 안내, 행사장 정리
와 같은 경험이 있으면 좋다.

★정부 및 공공 기관★
사회 체육 센터,
준공기관(YMCA, YWCA) 등
★기업체★
일반 기업체(스포츠 마케팅 대행사, 스포츠
에이전시, 레저 및 레크리에이션 업체, 스포츠
용품 제조업, 스포츠 서비스업 등),
각종 프로 스포츠 구단의
마케팅부 등

진출 분야

★독서 활동★

스포츠 분야의 상식을 쌓을 수 있게
관련 서적과 신문과 잡지 등을 탐독
할 것을 추천한다.

★교과 공부★

사회에 대한 안목을 기를 수 있는 사
회 교과와 체력 단련을 할 수 있는 체
육 교과, 그리고 외국어 교과에 집중
한다.

적성 및 흥미

스포츠마케팅학과는
스포츠와 마케팅 분야에 대한 감각을
모두 필요로 한다. 스포츠 지식과 실기가
바탕이 되므로 스포츠에 관심이 많고, 운동
감각이 있으면 좋다. 자신의 경험을 토대로
마케팅 관련 업무를 진행할 수 있기 때문이다.
또한, 스포츠 선수 및 관련 업체 관계자 등
다양한 사람을 상대하고 협력해야 하므로,
사람들과 어울리기 좋아하는 원만한
대인 관계 능력과 외향적 성향의
소유자에게 더욱 유리하다.

★교외 활동★

스포츠에 대한 열정과 지식이 있어야
하므로 다양한 운동 경기를 많이 관
람하여 선수들을 많이 만날 수 있으
면 좋다.

※교내 체육 대회에서 선수로 참여한 경험과 외국어
말하기 대회 및 토론 대회에 참가하여 수상한 경
력이 있으면 유리하다.

12 아나운서

관련 학과
미디어커뮤니
케이션 학과
104쪽

1. 아나운서의 세계

"안녕하십니까! 시청자 여러분, 오늘의 뉴스를 말씀드리겠습니다."

아나운서의 오프닝 멘트는 시청자들의 시선을 집중시킨다. 전문 기자가 새로운 소식과 다양한 정보를 상세히 기사화하여 제공한다면, 아나운서는 그날 일어난 사건과 사고 중에서 의미 있는 소식을 간추려 텔레비전 시청자나 라디오 청취자에게 직접 전달한다. 시청자나 청취자는 뉴스, 오락, 교양, 스포츠와 같은 프로그램을 진행하고, 정보를 전달하는 아나운서의 모습이나 목소리를 자주 접하기 때문에 다른 분야의 언론인보다 아나운서를 더 가깝게 여긴다.

우리나라에서는 1927년 처음 방송이 시작되었다. 당시는 일제 강점기였기 때문에 방송을 진행하는 실무진들은 대부분 일본인이었다. 광복 이후인 1947년 우리나라에서 최초로 중앙 방송(KBS, 현재 한국 방송)을 통해 뉴스와 날씨, 음악 방송을 진행하는 아나운서가 등장하였다.

1950년 6월 25일 오전 6시 아나운서 위진록 씨는 중앙 방송 라디오 임시 뉴스를 통해 6 · 25 전쟁 소식을 처음으로 전하였다. "임시 뉴스를 말씀드리겠습니다. 오늘 새벽 북한 공산군이 삼팔선 전역에 걸쳐서 남침을 시작하였습니다. 그러나 국민 여러분 안심하십시오. 우리 국군이 건재합니다." 새벽 4시 육군 장교의 다급한 요청에 아나운스먼트 (announcement)를 미리 작성하고 방송 시간인 6시에 전쟁 소식을 내보냈다고 한다. 휴일을 맞이하여 쉬고 있을 국민에게 전쟁의 시작을 알리기 위해 몇 번이고 반복하여 방송하였다고 하니 다급했던 당시 상황을 짐작할 수 있다.

뉴스, 실황 중계 등 방송에서 아나운서가 하는 말

1970년대 이후 텔레비전이 등장하고 사회가 발전하면서 아나운서는 더욱 중요한 직업으로 인정받게 되었고, 그 역할도 더욱 다양해졌다. 최근에는 아나테이너(아나운서+엔터테이너)라는 신조어에 걸맞은 새로운 유형의 아나운서도 나타나고 있다. 이것은 근엄한 자세로 정보를 전달하는 기존 이미지에서 탈피하여, 개성을 뽐내고 특화하여 자신의 가치와 인지도를 브랜드화함으로써 예능인 역할까지 수행하는 아나운서를 가리킨다. 이처럼 아나테이너가 최근의 추세로 강조되면서, 아나운서가 대중에게 가까이 다가설 기회도 더욱 많아지고 있다.

2. 아나운서가 하는 일

최근 사회 변화에 따라 아나운서가 하는 일을 정확히 규정하기 힘들고, 아나운서에게 요구되는 자질도 달라지는 경향이 있다. 하지만 아나운서의 기본적인 업무는 보도, 교양, 예능, 스포츠 등의 프로그램을 통해 최근의 각종 뉴스와 정보를 전달하고 방송을 진행하는 것이다.

방송의 최종 진행자로서 프로그램을 주관하고, 진행한다.

편집 회의에 들어가 보도 가치가 있는 것을 선택하고 선후 비중 등을 고려하여 기사를 어떻게 배치할지 논의한다.

사건 · 사고와 관련된 사람들을 직접 만나 인터뷰한다.

방송에 필요한 대본 내용을 파악하고 방송 진행에 맞게 수정한다.

아나운서는 진행하는 프로그램에 따라 앵커, MC, DJ, 스포츠 캐스터 등으로 불리기도 한다. 뉴스를 진행하는 아나운서를 앵커라고 하며, 방송국에 소속된 아나운서 중에서 선발한다. 앵커는 생방송으로 뉴스를 진행하면서 수많은 정보를 간추려 시청자들에게 전달하기 때문에 늘 긴장된 상태를 유지해야 한다.

MC(master of ceremonies)는 시사·교양·예능 프로그램의 진행자를 의미한다. 시사나 교양 프로그램을 진행하려면 사회 문제에 해박해야 하고 정확하고 공정한 정보를 가려내어 전달해야 한다. 이에 비해, 예능 프로그램 진행자는 시청자에게 친근하게 접근해야 하고, 정보를 사실적으로 전달하기보다는 감각적이고 재미있게 표현할 수 있어야 한다.

DJ는 라디오 진행자를 의미하는데, 아나운서가 DJ를 맡기도 한다. DJ는 청취자들이 실시간으로 보내는 사연을 공유하며 교감해야 하므로, 청취자에게 친근하게 다가갈 수 있는 인간미와 말솜씨, 공감 능력, 방송 감각 등을 갖춰야 한다.

스포츠 캐스터는 스포츠 종목의 중계와 해설을 맡은 아나운서를 의미한다. 스포츠 캐스터는 경기의 흐름을 읽고 예측하며, 경기에 긴박감과 재미를 줄 수 있는 능력이 필요하다.

아나운서는 남녀를 불문하고 지적이고 세련된 이미지로 인기가 높다. 아나운서는 공정하게 뉴스를 전달하고 여론을 주도하며 국가 발전에 기여한다는 자부심이 크고, 전문직으로서 직업도 안정적이다. 매년 존경하는 직업인들을 조사할 때 항상 아나운서가 거론될 정도로 사회에 미치는 영향력도 크다. 다른 한편, 아나운서는 작은 실수를 저지르더라도 그 사회적 파급력이 크기 때문에 항상 긴장해야 하며 완벽해지려고 노력해야 한다. 겉으로는 고귀하고 도도해 보이지만 물속에서는 끝없이 헤엄을 쳐야 하는 백조처럼, 하루하루 전쟁을 치르듯 치열하게, 끝없이 긴장하며 살아야 하는 아나운서는 때때로 극심한 스트레스에 시달리기도 한다. 프로그램이 시작되는 시간에 맞춰 스케줄을 조정해야 하므로, 새벽 3~4시경에 출근하거나 밤늦게까지 야근하는 경우도 많다.

그것이 알고 싶다 ★ 아나운서와 앵커의 업무는 어떤 차이가 있을까?

앵커도 크게는 아나운서에 속하지만, 둘 사이에는 차이가 있다. 둘 다 뉴스와 정보를 전달하는 점에서는 같지만, 아나운서가 대본에 있는 뉴스를 순서에 따라 그대로 읽어서 정보를 전달하는 반면, 앵커는 중간중간에 해설이나 논평을 하면서 뉴스와 정보를 전달한다.

때때로 앵커는 진실을 해치지 않는 범위에서 자신의 감정이나 생각을 덧붙여 뉴스를 전달하거나 대담을 진행하기도 한다. 앵커는 아나운서 중에서도 선망의 대상이며, 방송국의 이미지를 대표한다. 앵커는 경험이 많은 중진이 담당하는 경우가 많은데, 앵커 중에서도 중심 역할을 하는 아나운서를 메인 앵커라 한다.

3. 아나운서에게 필요한 능력

아나운서는 표준어와 바른 우리말을 구사할 수 있어야 하며 정확한 발음, 풍부한 표현 능력, 말의 톤 등 언어에 대한 감각과 재능이 있어야 한다. 발성과 발음을 꾸준히 연습하여 표준어 구사력을 높이고, 자신의 의견을 잘 전달하는 말하기 능력을 갖추어야 한다. 평소 꾸준한 책 읽기를 통해 정확한 발음 구사 연습을 하는 것이 좋다.

방송을 진행하다 보면 예기치 못한 돌발 상황이 발생한다. 이때 순간적으로 빠르게 판단하여 민첩하게 문제를 해결하고 프로그램을 진행할 수 있어야 한

△ 스포츠 경기 진행 상황을 중계하는 아나운서

다. 평소에 사회, 문화 등 다양한 분야에 관심을 두고, 시사 분야를 깊이 있게 이해하며, 자신이 진행하는 분야에 관한 전문적 지식과 비판적 사고력을 갖추어야 위기 상황에서 순발력을 발휘할 수 있다. 아나운서는 다양한 직종의 사람들과 함께 일을 해야 하는 직업이므로, 다른 사람을 이해하는 배려심과 사회성을 갖춘다면 더욱 유리하다.

아나운서는 방송사를 대표하여 전 국민을 대상으로 정보를 제공하는 자리이므로, 막중한 책임감과 자기 관리 능력이 요구된다. 따라서 일상에서부터 철저한 자기 관리를 실천하는 한편, 감정에 치우치지 않고 정확하게 정보를 전달하는 객관적인 자세를 지녀야 하며, 다른 사람의 의견을 경청하고 소통하는 능력을 길러야 한다.

4. 아나운서와 관련된 학과 및 자격증

- **관련 학과:** 신문방송학과, 커뮤니케이션학과, 미디어 커뮤니케이션학과, 언론정보학과, 언론미디어학과, 언론영상학과, 경제학과, 국어국문학과, 사회학과, 언론홍보학과 등
- **관련 자격:** 한국어능력시험 자격증과 TOEIC, TOEFL, TEPS 등 공인 영어 시험 성적을 요구할 수 있음

아나운서가 표준어를 쓰는 이유를 알아볼까?

○ BBC 아나운서

아나운서는 전 국민을 대상으로 방송을 진행해야 하므로 특정 지역에 치우치지 않는 표준어를 써야 한다. 이 때문에 아나운서는 표준 한국어를 확립하고 올바른 우리말을 전파하는 역할을 한다. 방송국에는 한국어 교육을 맡은 아나운서가 따로 있으며, 공영 방송 KBS 아나운서실의 한국어 연구회에서는 한국어 상담 전화를 운영한다. 아나운서는 외국인과 이민자들에게 한국어를 교육하는 봉사 활동을 하거나, 외부 강연을 통해 올바른 우리말 사용법을 가르치기도 한다.

영국도 1920년대부터 1970년대 이전까지는 공영 방송 BBC를 통해 표준어를 전파하였다. BBC 아나운서들이 정확한 표준어로 방송하면서 BBC 아나운서의 발음은 곧 영국의 표준 발음으로 인식되기도 하였다. 지금은 상황이 많이 달라져서 아나운서들의 다양한 발음을 허용하고 있지만, 이전 BBC의 경우는 아나운서와 표준어의 상관관계를 보여주는 대표적인 사례라고 할 수 있다.

5. 아나운서의 직업 전망

KBS, MBC, SBS, EBS와 같은 지상파 방송사의 아나운서 고용 상황에 큰 변화는 없을 것이다. 그러나 종합 유선 방송, 데이터 방송, 위성 방송, 지방 방송 등 많은 방송사가 생기고 있고 지상파 못지않게 시청률도 올라가고 있으므로, 이 분야의 아나운서 수요는 증가할 것으로 보인다.

기자가 뉴스를 진행하거나 연예인이 예능 프로그램을 진행하기도 하지만, 아나운서야말로 뉴스, 라디오, 스포츠 등 모든 방송을 진행할 수 있는 전문가다. 아나운서는 선거 개표 방송과 같이 사람들이 반드시 알아야 하는 정보를 공정하게 전달하고, 국민의 알 권리를 충족하며 다양한 사람들과 만날 수 있다는 점에서 매우 매력적인 직업이다.

경력이 쌓이고 인지도가 높아진 아나운서는 프리랜서로 독립하여 아나테이너로서 역량을 발휘하기도 한다. 아나운서의 활동 범위가 넓어짐에 따라 기존 아나운서의 이미지에서 벗어나 연예인들과 경쟁할 수 있는 엔터테이너로서의 자질이 요구되고 있으므로 사회 변화에 맞는 꾸준한 역량 계발은 필수다.

Career
Path
커리어 패스

아나운서

아나운서는 대학 졸업을 기본 학력으로 요구하고 있다. 기타 자격 요건이 점차 폐지되고는 있지만, 미디어커뮤니케이션학과, 신문방송학과 등 관련 학과를 전공하는 것이 유리하다.

아나운서가 되려면 언어 능력, 사회 현상에 대한 지식과 분석 능력, 순발력 등을 갖추어야 한다. 아나운서는 정보를 왜곡하지 않도록 적절한 어휘를 사용하고 정확한 발음을 구사해야 한다. 따라서 국어사전을 수시로 찾아보면서 일상에서 통용되는 단어일지라도 그 의미를 다시 되새겨 보는 훈련이 필요하며, 정확한 표준어를 구사하는 연습도 게을리하지 않아야 한다. 또한, 시사, 사회, 문화 분야의 지식과 상식도 공부해야 한다. 필요한 지식과 상식을 갖추어야 뉴스의 내용을 정확하게 이해하고 시청자에게 올바르게 전달할 수 있기 때문이다. 또한, 공개 채용에서 일정 수준 이상의 토익 성적을 요구하므로, 영어 등 외국어 능력도 길러야 한다.

아나운서가 되기 위해서는 방송사, 종합 유선 방송사, 기업 사내 방송국 등의 공채 시험이나 입사시험에 합격해야 한다. 방송사 아나운서 경쟁률은 언론 분야 중에서 가장 높아서 보통 수백 대 1 이상이며, 수천 대 1이 될 때도 있다. 지상파 방송사에서는 일반적으로 서류 전형, 필기시험, 면접시험을 통해 최종 합격자를 선발한다. 그리고 방송 교육 학원에 추천을 의뢰한 경우에는, 서류 전형 없이 바로 카메라 테스트와 면접을 거쳐 채용하기도 한다. 드물기는 하지만 방송국에서 기자나 성우로 경력을 쌓은 사람을 특별 채용하는 경우도 있다.

공영 방송인 한국 방송 공사(KBS)의 아나운서 선발 과정은 1차 서류 전형 및 카메라 테스트(카메라 앞에서 뉴스 진행) → 2차 필기시험(논술, 작문, 시사 교양, 방송학 개론 평가) → 3차 실무 능력 평가, 인성 검사 → 4차 최종 면접시험(사장 및 임원진과 면접)의 순서로 진행된다.

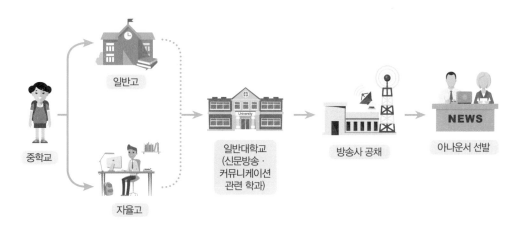

일반고

중학교

자율고

일반대학교
(신문방송 ·
커뮤니케이션
관련 학과)

방송사 공채

NEWS

아나운서 선발

⬦ 아나운서의 커리어 패스

미디어 커뮤니케이션학과

미디어커뮤니케이션학과는 대중 매체와
커뮤니케이션 기법을 동시에 연구한다. 매스 커뮤
니케이션, 문화 커뮤니케이션, 국제 커뮤니케이션,
영상 커뮤니케이션 등을 체계적으로 교육하고, 그들의
사회적 의미를 분석하는 데 연구의 초점을 두고 있다.
신문, 출판, 광고, 마케팅, 영화 등의 문화 매체를 매개로
뉴미디어를 포함하는 방송 분야와 현대인의 삶의 질을
높이는 데 도움을 주는 인터넷과 스마트 미디어
등을 통해 사회 발전에 기여하는 전문
인력을 양성한다.

진출 직업

아나운서, 방송인, PD(방송
프로듀서), 성우, 공연 기획자,
배우, 광고 제작자, 영화감독, 쇼핑
호스트, 해외 특파원, 웹 방송 전문가,
방송 연출가, 연예 프로그램
진행자, 모델 등

관련 학과

신문방송학과,
커뮤니케이션학과,
방송영상학과, 디지털방송학과,
언론정보학과, 사회언론정보학부,
신문방송정치외교학부, 언론영상학부,
언론광고학부, 미디어창작학과,
언론정보문화학부, 커뮤니케이션학과,
방송통신전공, 국어국문학과,
문예창작학과 등

멀티미디어
콘텐츠 제작전문가,
방송통신기사

자격 및 면허

★동아리 활동★

문예반, 토론반, 논술반, 방송반 등에서 글쓰기와 말하기 및 방송 관련 활동을 해 볼 것을 추천한다.

진출 분야

★정부 및 공공 기관★
한국 방송 광고 진흥 공사,
한국 콘텐츠 진흥원 등

★기업체★
카피라이터, 홍보 전문가, 홍보 사무원, 행사 기획자,
출판물 기획 등

★언론사★
PD, 조연출, 촬영 감독, 아나운서, 리포터, 신문 기자 등

★연구소★
한국 광고 연구원, 한국 방송 개발원, 한국
언론 진흥 재단 등

★봉사 활동★

방송국에서 주관하는 봉사 활동에 참여하거나 시장이나 동네 방송에 참여해 보는 것이 좋다.

★독서 활동★

다양한 상식을 필요로 하므로 사회, 문화, 역사 등에 관한 독서가 중요하며, 방송과 관련된 책도 찾아서 읽어두면 좋다.

적성 및 흥미

★교과 공부★

말하기와 쓰기의 토대인 국어 교과와 사회 현상에 대한 이해력을 높일 수 있는 사회 교과에 집중하여 학업 역량을 높이도록 한다.

방송 및 영상학을 공부해야 하므로,
창의력과 예술적 감수성을 지니면 좋다. 수많은
미디어에 노출된 현대인에게 감동을 주는
영상물을 만들기 위해서는 예술성과 더불어
사회적 감수성을 발휘해야 한다.
미디어와 관련된 직업은 다양한 사람을 만나야 하고,
시시각각 변화하는 상황에도 대처해야 하므로
순발력과 침착함을 갖추어야 한다. 특히, 아나운서와
같은 방송인은 대화, 연설, 인터뷰 등을 할
경우가 잦으므로, 뛰어난 언어 감각을
지닌 사람에게 알맞다.

★교외 활동★

방송국을 방문하여 뉴스룸(news-room)을 견학해 보거나, 아나운서 직업 체험 프로그램에 참여할 것을 권장한다.

※논리적 사고를 기르기 위해 교내 토론 대회에 적극적으로 참여하고, 사회 문제와 관련하여 프로젝트를 기획해 보는 것도 좋은 경력이 된다.

13 여행 안내원

관련 학과
관광학과
112쪽

1. 여행 안내원의 세계

영화 '꾸뻬 씨의 행복 여행'에서 주인공 헥터는 반복되는 일상에 지쳐 훌쩍 여행을 떠난다. 헥터는 진정한 행복을 알고자 여행하면서 다양한 사람을 만나고, 행복에 대해 사색하며 일상의 소중함을 깨닫는다. 사람마다 여행을 떠나는 이유는 다양하겠지만, 일상에서 벗어나 낯선 장소에서 새로운 경험을 해 보고 싶은 것도 중요한 이유가 될 것이다. 여행지에 도착하여 관광을 즐기는 것도 즐거운 일이지만, 여행을 준비하는 과정에서 느끼는 설렘과 호기심도 그에 못지않은 즐거운 경험이라 할 수 있다.

사람들은 기회가 된다면 해외여행을 한다든지, 평소 쉽게 갈 수 없었던 먼 곳으로 떠나고 싶어 한다. 우리는 여행을 통해 시야를 넓히거나 새롭고 다양한 경험을 할 수 있다. 하지만 여행할 기회가 쉽게 자주 있는 것이 아니므로, 후회 없는 여행이 되도록 철저히 준비해야 한다. 만약, 준비를 소홀히 한 채 여행을 떠난다면, 큰 낭패를 볼 수 있기 때문이다.

예를 들어, 외국으로 가족 여행을 떠난다고 생각해 보자. 여행지 선택부터 교통편,

숙소, 여행 일정 설계, 여권, 비자, 환전 등에 이르기까지 많은 것들을 미리 준비해야 한다. 여행 경험이 적거나 외국 현지 사정에 어두울 경우 이러한 상황은 기쁨과 설렘이 아니라 자칫 스트레스와 염려로 바뀔 수도 있다. 물론 인터넷을 이용하면 많은 현지 정보를 손쉽게 구할 수 있지만, 현지에서는 항상 변수가 생기기 마련이다. 따라서 대부분 사람들은 외국 현지 사정에 밝은 여행 안내원의 도움을 받게 된다.

여행 안내원은 사람들이 안전하고 편안하게 여행할 수 있도록 출발 전부터 여행이 끝날 때까지 관련된 상황을 안내하고 지도·감독한다. 끊임없이 새로운 사람들을 만나며 여행의 즐거움과 잊지 못할 추억을 선사하는 여행 안내원은 관광객의 해결사이자 든든한 조력자이다.

2. 여행 안내원이 하는 일

여행 안내원은 고객의 요구 사항과 특성을 고려하여 여행 계획을 세우고, 편리하고 즐겁게 여행할 수 있도록 안내하며 필요한 수속을 대행해 준다. 여행지에 도착하면 현지 안내원이 여행을 안내하며, 고객에게 필요한 편의를 제공한다.

관광객의 신상을 확인하고 관광지에 대한 정보를 수집한다.

관광객을 위해 교통, 숙박, 일정을 계획하고 관광 안내를 진행한다.

관광지에 대한 역사와 문화 및 관광 자원에 대해 설명한다.

해외여행의 경우 출국 수속 및 입국 심사와 같은 서류 작성에 대해 안내한다.

현지인과 여행자의 원활한 의사소통을 위해 통역을 한다.

여행 중 일어나는 사고를 신속하게 처리하고 해결한다.

여행 안내원은 국내 여행 안내사와 관광 통역 안내사, 국외 여행 인솔자(TC, tour conductor)로 구분된다. 국내 여행 안내사는 국내를 관광하는 내국인을 안내하며, 관광 통역 안내사는 국내를 여행하는 외국인을 담당한다. 그리고 국외 여행 인솔자는 외국을 여행하는 내국인을 안내한다.

여행 안내원은 평소 사람들이 쉽게 가지 못하는 유적지나 유명 여행지를 다닌다는 점에서 많은 사람이 선망하는 직업이기도 하다. 한곳에서 머물지 않고 여러 곳을 다니며 일하기 때문에 새로운 경험을 할 수 있다는 것이 장점이지만, 다양한 관광객의 취향과 기호를 충족시켜야 한다는 점에서 부담감이 큰 직업이기도 하다. 여행의 시작에서부터 끝까지 관광객과 함께해야 하므로, 체력 소모가 크고 업무 시간이 일정하지 않은 것도 단점이다. 직접 발로 뛰며 여행을 안내해야 하는 만큼, 편한 신발을 착용하는 것은 필수 사항이다. 관광 사업은 앞으로도 계속해서 발전할 것으로 예상되므로 여행 안내원은 충분히 도전해 볼 가치가 있는 유망 직종이다.

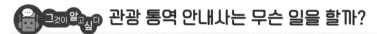

관광 통역 안내사는 무슨 일을 할까?

국내를 방문한 외국 관광객에게 박물관, 미술관, 유적지 등을 안내하고 역사 속 이야기들을 설명하여 관광객이 방문한 관광지에 대해 유래와 의미를 이해할 수 있도록 도와준다. 관광지에 대한 정보를 전달하기 위해 자료를 수집하는 것은 물론이고, 관광객의 질문에 올바르게 대답할 수 있도록 역사나 예술에 대한 지식이 풍부해야 한다. 관광 통역 안내사 시험에 합격해야 하기 때문에 영어, 중국어, 일어 등 외국어 실력을 갖추어야 한다.

3. 여행 안내원에게 필요한 능력

여행 안내원은 사람들과 어울리는 것을 좋아해야 한다. 새로운 사람들을 상대해야 하므로, 낯선 사람과도 쉽게 소통할 수 있는 친화력이 필요하다. 따라서 적극적이고, 외향적인 성격의 사람에게 유리하다. 여행 안내원은 여러 사람을 인솔하고 일정을 진행해야 하므로 리더십을 갖춰야 한다. 그리고 낯선 여행지에서 돌발 상황에 대처하는 순발력이 필요하며 다양한 사람들의 의견을 통합하여 이끌 수 있는 능력도 지녀야 한다.

여행 안내원은 대화하기를 좋아해야 하며 외국어에도 능통해야 한다. 해외여행 중 현지에서 원활하게 의사소통하기 힘든 관광객들은 대부분 여행 안내원의 도움을 받게 된다. 그리고 국내에서 외국인을 안내하는 경우도 많기 때문에 여행 안내원에게 외국어 능력은 필수적이다.

여행 안내원은 여행지 정보를 안내하고 여행 시 주의 사항을 전달할 뿐 아니라 관광객의 편안한 여행을 위해 숙소의 청결과 먹거리 관리 등 여행 전반에 걸친 편의를 제공해야 한다. 때로는 몸으로 부딪히며 돌발 상황에 대처해야 하므로 강한 체력과 순발력,

상황에 따른 빠른 판단력이 요구된다.

무엇보다도 여행 안내원은 여행 경험이 많아야 한다. 따라서 기회가 될 때마다 자주 여행하면서 관광객의 입장을 경험해 보거나 가까운 지역이나 동네를 다니며 관광 코스를 기획해 보는 것이 좋다.

 여행 상품 기획가는 무슨 일을 할까?

여행 상품 기획가는 잘 알려지지 않은 지역을 새로운 여행 상품으로 개발하는 일을 한다. 최근에는 오지 여행, 산악 트레킹, 축제 참여, 성지 순례, 미술·문화 여행 같은 다양한 테마 여행 상품이 인기를 끄는 추세이다.

기존에 개발되지 않은 새로운 상품을 관광객에게 안내해야 하므로 현지 사정과 여행의 트렌드, 여행자의 욕구 등에 밝아야 하고, 많은 사람이 새로운 여행 상품에 참여할 수 있도록 마케팅 활동도 병행해야 한다. 여행 상품 기획가를 여행 상품 개발원, 투어 플래너(tour planner), 여행 코디네이터(tour coordinator)라고도 한다.

4. 여행 안내원과 관련된 학과 및 자격증

- **관련 학과:** 관광경영학과, 관광통역과, 관광개발학과, 국제관광학과, 호텔경영학과, 호텔관광경영학부, 지리학과, 외국어 어문학부, 영어과, 역사학과
- **관련 자격:** 국내여행안내사, 관광통역안내사

 나를 위한 투자, '웰니스 여행'

여행이라고 하면 흔히 다른 사람과 함께하는 여행을 떠올리지만, 최근에는 홀로 여유롭게 즐기는 개별 여행이 인기를 끌고 있다. 이러한 흐름에 따라 웰빙(well-being)과 행복(happiness)을 추구하는 웰니스(wellness) 여행이 새로운 관광 트렌드로 등장하고 있다. 웰니스 여행이란 관광지를 돌아보고 체험하는 것에서 벗어나,

바쁜 일상에 지친 나를 위한 휴식과 치유 그리고 자기 수양과 사색을 목적으로 하는 여행을 의미한다. 유기농 자연식과 스파, 피트니스 등을 즐기며 심신을 치유하고 자신을 되돌아보는 웰니스 여행이 기존 유명 관광지 중심의 여행을 점차 대체하는 추세다.

5. 여행 안내원의 직업 전망

소득 수준이 향상되고 여가와 삶의 질에 대한 관심이 높아짐에 따라 자신에 대한 투자를 아끼지 않는 사람들이 늘어나고 있다. 바쁜 일상과 과중한 업무에 시달리던 직장인들이 주 5일제 근무 시행 이후에 시간적 여유가 생기면서 여행과 관련한 다양한 요구를 표출하고 있다. 또한, 1인 가구의 증가에 따라 여행의 트렌드도 휴식과 재충전을 위한 개별 여행으로 전환되는 등 여행 수요가 꾸준히 증가하고 있다.

이러한 환경 변화에 맞춰 여행 안내원의 일자리는 더욱 늘어날 것으로 전망된다. 여행을 좋아하는 사람들이 늘어나면서 여행 안내원에 대한 직업 선호도가 높아지고, 여행 관련 직종에 대한 경쟁률도 이미 높아진 상태이다. 앞으로 여행과 레저 산업의 규모가 더욱 커지고 한류 열풍으로 국내를 방문하는 외국인들도 증가할 것으로 예상되므로 여행 안내원의 미래 전망은 더욱 밝다고 할 수 있다.

그것이 알고 싶다 | 어느 나라 사람들이 한국을 많이 찾아올까?

우리나라를 가장 많이 방문하는 관광객을 나라별로 살펴보면 중국이 1위를 차지하며, 이어 일본, 미국, 대만, 홍콩 등의 순이다. 문화체육관광부의 조사에 따르면, 외국 관광객이 우리나라 여행 시 가장 만족하는 분야는 치안(안전성)이고, 숙박과 쇼핑 분야에서도 만족도가 높은 편이라고 한다. 반면, 언어 소통과 여행 경비, 관광 안내 서비스 등은 다른 분야에 비해 만족도가 떨어지는 것으로 나타났다.

아래 그래프는 우리나라를 찾는 관광객 수가 꾸준히 증가하고 있음을 보여 준다. 2017년에는 미군의 한반도 사드 배치에 따른 중국 당국의 한국 여행 제재 여파로 전체 관광객이 크게 줄었으나 지난 10년간 우리나라를 찾는 관광객 수는 2배가량 늘어났음을 알 수 있다. 그래프가 보여 주듯 앞으로도 우리나라을 찾는 관광객은 계속 증가할 것으로 예상되며, 관광 관련 산업의 수요도 높아질 것으로 보인다.

외국인 관광객 수 변화

출처: 한국 관광 통계(한국 관광 공사, 2019)

여행 안내원

여행 안내원은 평소 여행을 자주 하며 여행을 즐기는 사람에게 적합한 직업이다. 여행 안내원이 되는 데 특별한 학력이 필요하지는 않지만, 대학의 관광 관련 학과에 진학하면 관광학 · 호텔 경영 · 외국어 등 관광 산업과 관련된 전문적 내용을 배울 수 있다. 또한, 여행에 대한 기본적 업무를 미리 습득할 수 있고, 다양한 관광 코스를 구상할 수 있어서 여행 안내원이 되는 데 유리하다. 최근 여가 활용에 대한 관심이 높아지고 여행에 대한 수요가 커지면서 대학에서도 여행과 관련된 학과의 개설이 증가하고 있다.

여행 안내원이 되려면 한국 관광 협회에서 시행하는 국내 여행 안내사 시험이나 한국 관광 공사에서 시행하는 관광 통역 안내사 시험에 합격해야 한다. 국내 여행 안내사 자격을 취득하기 위해서는 1차 필기시험을 통과해야 한다. 1차 시험 과목은 국사, 관광 자원 해설, 관광 법규, 관광학 개론이며, 객관식으로 출제된다. 필기시험 합격자는 관광 실무 상식에 관한 2차 면접시험을 치른다. 여행안내와 관련된 업무 경력이 2년 이상이거나 관광 분야의 고등학교나 대학을 졸업한 경우에는 1차 시험이 면제된다. 여행 안내원은 여행사 소속이나 프리랜서로 일한다.

관광 통역 안내사 자격을 취득하면 국외 여행 인솔자(TC, tour conductor) 자격이 동시에 주어진다. 관광 통역 안내사 자격시험은 국내 여행 안내사의 시험 과목과 같으나 외국어 시험이 추가된다. 영어, 중국어, 일본어, 동남아 등 언어권별로 연 1~2회 자격시험이 시행된다.

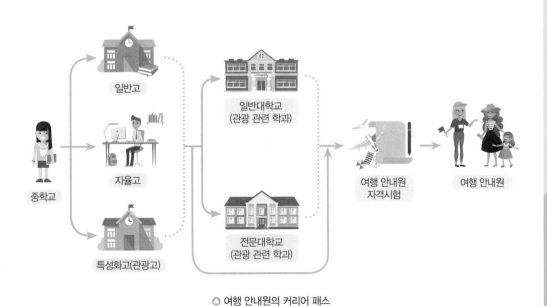

일반고

일반대학교
(관광 관련 학과)

자율고

중학교

특성화고(관광고)

전문대학교
(관광 관련 학과)

여행 안내원
자격시험

여행 안내원

⬡ 여행 안내원의 커리어 패스

대학교
관련 학과

관광학과

학과 소개

관광 전반에 관한 기본
지식과 실무 능력을 향상함으로써, 전문성과
서비스 정신을 갖춘 관광 분야의 인재를
양성한다. 여가의 중요성이 높아지면서, 관광학과를
졸업한 인재에 대한 수요가 증가하고 있다.
능숙한 외국어 구사 능력과 국제 감각을 갖추고,
체계적인 이론을 바탕으로 변화하는 사회 트렌드에
부합하는 여행 상품 개발 능력 및 현장 적응
능력을 키움으로써 관광 산업 발전에
기여하는 것을 목적으로 한다.

진출 직업

여행 안내원(국내 여행 안내사, 관광
통역 안내사, 국외 여행 인솔자), 여행 상품
기획가, 여행 사무원, 자연환경 안내원, 여행
작가, 크루즈 디렉터, 국제 관광 홍보 전문가,
호텔 컨시어지(hotel concierge, 호텔의 종합
서비스를 담당하는 사람), 동시 통역사,
컨벤션 기획사, 의료 관광 코디네이터,
항공사 승무원 등

적성 및 흥미

평소 여행을 즐기며,
세계 여러 나라의 문화를 체험하고
다양한 사람을 만나는 것을 좋아하고,
새로운 것에 대한 호기심이 있어야 한다.
여행 서비스 종사자는 계속해서 사람들을 상대해야
하므로 대인 관계 능력이 뛰어나야 하며, 사람들을
인솔해서 여행지를 안내해야 하므로 강인한 체력과
배려심을 바탕으로 한 서비스 정신을 지녀야 한다.
여가 증대에 따라 다양한 여행 상품을
기획하여 판매해야 하므로, 기획력과
마케팅 능력을 갖추면 더욱
유리하다.

자격 및 면허

국내여행안내사,
관광통역안내사, 호텔관리사,
호텔경영사, 호텔서비스사,
국제의료관광코디네이터,
컨벤션 기획사, TOEIC,
JPT일본어능력시험 등

★동아리 활동★

여행 동아리 및 외국어 관련 동아리, 문화재 탐방 활동 등을 통해 전공과 관련된 지식과 경험을 쌓을 것을 권장한다.

★봉사 활동★

외국인 관광 안내 자원봉사나 여행사 또는 관광지에서의 봉사 활동도 도움이 된다.

진출 분야

★정부 및 공공 기관★
중앙 정부 및 지방 자치 단체, 관광 · 문화 관련
공공 기관 등

★기업체★
여행사, 호텔, 테마 파크, 항공사, 이벤트 기획사, 기업체 일반
사무직 및 해외 영업직, 해외 현지 호텔 및 기업, 문화 · 예술
기획사, 축제 기획사 등

★언론사★
신문사, 잡지사, 방송국

★연구소★
관광 문화 관련 국가 · 민간 연구소, 사회
과학 관련 국가 · 민간 연구소 등

★독서 활동★

여행 관련 서적과 지리 교과서, 세계 문화 관련 자료 등을 통해 간접 경험을 쌓고, 폭넓은 교양을 지닐 수 있도록 다양한 분야의 책을 탐독한다.

★교과 공부★

능숙한 외국어 실력이 필수이므로, 외국어 관련 분야의 내신 관리와 회화 실력을 쌓도록 한다.

관련 학과

관광경영학과,
호텔관광경영학과,
국제관광학과, 관광레저과,
관광과, 항공관광학과,
호텔카지노관광학과,
항공서비스학과 등

★교외 활동★

여행지를 방문하여 경험을 쌓는 것이 좋고 지역 관광 안내소, 한국 관광 공사, 각국의 대사관 같은 기관을 방문해 볼 것을 권장한다.

※외국어 경진 대회나 사회 관련 수상이 있으면 유리하고, 관광 상품 개발과 같은 창업 관련 행사 및 프로젝트 수업에 참여한 경험도 도움이 된다.

14 영화감독

관련 학과
영화학과
120쪽

1. 영화감독의 세계

영화는 일상생활에서 쉽게 접할 수 있는 문화 예술이다. 1895년 프랑스의 뤼미에르 형제는 사람들을 혼비백산하게 한 3분짜리 동영상으로 영화라는 새로운 장르를 개척하였다. 그 뒤 월트 디즈니의 컬러 영화를 지나 현재에 이르기까지 영화는 대중문화의 발전에 크게 기여하였다. 우리나라도 2003년 최초로 1,000만 관객을 동원한 영화 〈실미도〉가 상영된 이후, '1,000만 관객 동원'이라는 문구가 더는 낯설지 않게 되었다. 사람들은 복잡한 현실에서 잠시 벗어나 가상 세계에 몰입하는 즐거움과 설렘을 경험하고자 영화관을 찾게 된다.

영화는 재미와 감동의 차원을 넘어 우리가 살아가는 사회의 모습을 반영하기도 하고, 새로운 시대정신과 비전을 제시하기도 한다. 영화감독은 자신만의 독특한 가치관과 세계관을 가지고 자신이 표현하고자 하는 세계를 영화라는 작품에 오롯이 담아낸다. 영화가 다루는 소재는 친근한 일상생활부터 역사적 사건이나 사회 비판적 내용, 미래 세계 등 매우 다양하다. 과거에는 '배우'가 영화의 흥행을 주도하였으나, 이제는 영화감독의 개성과 스타일이 영화 선택의 기준이 되고 있다. 이러한 경향을 반영하여 배급사에서도 감독을 내세워 영화를 홍보하기도 한다.

영화감독은 흔히 오케스트라의 지휘자와 비교되곤 한다. 각자 개성과 자존심을 지닌 연주자들을 설득하고 이끌어 멋진 앙상블을 선보이는 지휘자처럼, 영화감독도 배우를 ⌐전체적인 어울림이나 통일 포함한 각 분야의 전문가들을 통솔하고 이들과 협력하여 사람들에게 감동을 주는 영화를 만든다. 영화는 감독의 개인 소유물이 아니다. 영화는 수개월 또는 수년간에 걸쳐 감독, 배우, 제작자, 조감독, 시나리오 작가, 특수 분장사, 스턴트맨 등 많은 사람의 노력과 인내를 담아낸 공동 창작물이다. 그리고 영화의 가장 중요한 특징은 관객과의 소통으로 완성되는 합작품이란 점이다.

◎ 뤼미에르 형제의 영화, 〈열차의 도착〉(1895)의 한 장면

우리나라 최초의 1천만 관객 동원 영화, 〈실미도〉(2003) ◎

그것이 알고 싶다 영화감독은 영화를 만들 때 무엇을 중요하게 생각할까?

〈택시 드라이버〉로 칸 영화제 황금 종려상을 받은 마틴 스코세이지(Martin Scorsese) 감독은 "연기 연출법의 핵심은 배우와의 친밀감과 신뢰"라고 하였다. 또한 〈ET〉, 〈쥐라기 공원〉, 〈라이언 일병 구하기〉로 대중성과 예술성 모두 인정받은 스티븐 스필버그(Steven Spielberg)는 "나는 영화를 만들 때마다 영화 관객의 입장을 먼저 생각하는 것을 좋아한다."라고 하였다. 유명 감독들은 모두 사람들과의 협동과 소통을 강조하였다.

◎ 마틴 스코세이지 감독

2. 영화감독이 하는 일

영화감독은 영화 제작을 책임지고 지휘하는 사람이다. 영화의 최종 결정권자로서 스태프를 구성하고 촬영 장소 선정, 연기 지도, 조명, 효과, 분장 등의 전 과정을 총괄한다.

영화는 크게 세 단계의 과정을 거쳐 완성된다. 작품을 선택하고 전체 계획을 세우는 사전 기획 단계, 실제 작품을 촬영하는 제작 단계, 마지막으로 편집, 녹음, 컴퓨터 그래픽 등의 과정을 통해 영화를 완성하는 후반 작업 단계이다.

❶ 작가와 함께 영화의 주제와 아이디어를 제시하여 시나리오를 완성한다.

❷ 작품의 주제와 분위기에 맞는 배우와 스태프를 섭외한다.

❸ 시나리오를 분석하여 연출부 및 배우들과 함께 리허설을 감독하고 지도한다.

❹ 촬영 현장을 답사하여 세트 디자인을 결정하고 촬영 시기와 기간 등을 정해 촬영 계획을 확정한다.

❺ 리허설이 끝나면 원활한 촬영 진행을 위해 출연자 및 제작진을 감독하고 지휘한다.

❻ 배우와 소통하고 협업하여 최상의 연기를 끌어낸다.

❼ 촬영이 끝난 후 편집 기사와 함께 모니터링 하고 최종 편집한다.

❽ 개봉 일정 및 홍보 진행 과정을 점검하고 영화계와 관객 반응 등을 확인한다.

Tip⁺   감독과 함께 영화를 만드는 사람들은?

- **영화 제작자(영화 프로듀서):** 영화 제작을 계획하고, 완성된 영화를 각 영화관에 배급하는 일을 한다. 영화의 살림꾼답게 작품과 배우, 감독을 선정하고 투자자들을 구하여 제작에 필요한 예산을 마련한다. 영화를 선별할 수 있는 예술적 안목과 제작에 필요한 투자를 유치하고 경영할 수 있는 능력을 겸비해야 한다.
- **조감독:** 영화감독의 의도에 맞게 배우, 촬영 장소, 조명, 소품 등을 준비하고 지시하며 감독과 스태프 사이의 중간 역할을 하여 촬영이 원활히 진행되도록 돕는 조력자이다.
- **영화배우:** 영화 속 등장인물을 분석, 장면에 어울리는 표정이나 행동 등을 연구하여 대본에 따라 연기한다. 때로는 감독에게 지시와 조언을 얻기도 한다. 영화배우가 등장인물을 어떻게 표현하느냐에 따라 영화에 대한 평가와 흥행의 결과가 달라질 수도 있다.

영화감독은 다른 어떤 예술 · 문화 분야보다도 대중과 원활하게 소통해야 하는 직업이다. 감독의 가치관과 시대를 바라보는 관점이 작품에 반영되고, 그 작품이 관객의 공감을 얻을 때 느끼는 희열은 이루 말할 수 없을 것이다. 이처럼 감독은 영화를 통해 관객과 희로애락을 함께하며 소통한다. 그러나 때로는 제작사의 예산 문제나 흥행 여부와 관련하여 현실의 벽에 부딪치기도 하고, 다양한 직종의 사람들을 이끌고 책임져야 하는 부담을 지기도 한다. 그리고 가치관과 관점이 다른 사람들로부터 영화의 형식이나 내용에 대해 비난을 받기도 한다.

3. 영화감독에게 필요한 능력

영화는 영향력이 큰 대중 매체다. 관객은 이제 영화관에서뿐만 아니라 TV, 인터넷, SNS, 스마트폰 등을 통해 언제 어디서나 영화를 관람할 수 있다. 영화감독은 매력적인 이야기를 영화에 담아 관객과 소통하고, 기발한 아이디어와 상상력을 동원하여 관객을 매료시킬 수 있어야 한다.

이를 위해 영화감독은 인간과 사회 현상의 이면을 관찰하는 능력, 그리고 사물을 여러 각도에서 볼 수 있는 유연성과 개방성을 지녀야 한다. 또한, 탄탄한 기획력과 공간 구성 능력을 발휘하여 예술적 완성도가 높은 화면을 구성해야 한다. 예술, 문학, 역사 등여러 방면의 정보를 수집하여 본인의 세계관과 가치관에 맞는 영화를 제작할 능력도 필요하다.

영화감독은 배우, 촬영 감독, 소품 담당원 등 여러 사람을 통솔해야 하고, 다양한 분야의 관계자들과도 협동해야 하므로 리더십과 대인관계 능력이 필요하다. 영화는 감독혼자만의 작품이 아니라, 다양한 재능을 가진 사람들이 협업을 통해 최선의 노력을 기울여 만드는 합작품이기 때문이다.

영화는 처음 예상했던 것보다 완성에 걸리는 시간이 늘어날 수도 있고, 재정적인 문제로 촬영이 중간에 취소될 수도 있다. 영화감독은 작업의 총 책임자이자 리더이므로, 어떤 상황에도 흔들리지 않는 인내심을 갖추어야 한다. 영화감독은 리더십과 뚜렷한 목표 의식을 지닌 사람에게 적합하며, 이와 더불어 기발한 아이디어와 예술적 성향을 갖춘 사람이라면 도전해 볼 만한 직업이다.

4. 영화감독과 관련된 학과 및 자격증

- **관련 학과:** 영화과, 영화학과, 영화영상학과, 영상영화학과, 연극영화학과, 연극학과 등
- **관련 자격:** 없음

5. 영화감독의 직업 전망

향후 4차 산업 혁명으로 일자리에 많은 변화가 예상되지만, 문화 콘텐츠 분야는 여전히 전망이 밝을 것으로 보인다. 특히 영화감독은 통솔력, 상상력, 창의력, 대인 관계 능력, 문제 해결 능력 등의 종합적 사고 능력, 그리고 정해진 매뉴얼이 아닌 언제 어느 때라도 변경될 수 있는 환경에 적응할 수 있는 순발력과 대처 능력 등이 필요한 창조적인 직업이다.

우리나라의 영화 시장은 꾸준히 성장하고 있다. 세계의 유명 영화제에서 상을 받는 등 실력을 인정받은 감독들이 속속 등장하고 있으며, 이에 따라 해외에서 한국 영화의 판권을 사서 리메이크하는 사례도 점점 늘고 있다. 영화감독이 되는 과정은 인고의 시간과 노력이 따르지만, 문화 콘텐츠 분야에 대한 젊은 세대의 지속적인 관심과 한국 영화의 활발한 해외 진출에 힘입어 영화감독의 일자리는 계속 증가할 것으로 전망된다.

현재 컴퓨터를 이용한 특수 효과 기술의 눈부신 발전으로 컴퓨터 그래픽 전문가(CG)와 같은 다양한 직업이 새로 생기고 있다. 그리고 영화에 등장한 주인공 캐릭터를 상품화하거나 영화의 배경 장소를 공원으로 꾸미는 등 영화가 고부가 가치 산업으로 떠오르고 있어 영화감독의 미래는 유망하다고 할 수 있다.

그것이 알고 싶다 미국의 할리우드를 무대로 활동한 한국인 감독은 누구일까?

한국에서 〈장화, 홍련〉, 〈놈놈놈〉 등을 연출한 김지운 감독은 그 실력을 인정받아 아널드 슈워제네거 주연의 액션 영화 〈라스트 스탠드(The Last Stand)〉의 감독을 맡았다. 일찍이 〈공동 경비 구역 JSA〉를 통해 상업성과 작품성을 모두 인정받은 박찬욱 감독은 20세 폭스의 자회사 폭스 서치라이트가 제작한 〈스토커(Stoker)〉를 연출하였다. 또한, 〈살인의 추억〉, 〈괴물〉 등 흥행 영화를 연출했던 봉준호 감독은 〈설국 열차(Snowpiercer)〉의 메가폰을 잡고, 각본 작업에도 참여하였다. 〈설국 열차〉는 167개국에 판매되는 등 큰 성공을 거두었다.

△ 봉준호 감독의 한미 합작 영화, 〈옥자〉(2017)

Career Path

커리어 패스

영화감독

영화감독은 다양한 분야의 사람을 총체적으로 통제하고 지휘해야 하기 때문에 영화 제작 전반에 관한 공부가 필요하다. 시나리오와 연출은 기본이고 카메라와 같은 매체, 편집 등 전반적인 영화 제작 과정에 대해서도 총체적으로 알고 있어야 한다.

영화감독이 되기 위해서 반드시 영화 관련 학과를 졸업할 필요는 없지만, 전문대학이나 4년제 대학교의 영화학과나 연극영화학과 등을 전공하면 유리하다. 영화계의 선후배 인맥을 쌓을 수 있고 전문적인 실무 경험을 할 수 있기 때문이다. 영화 관련 동아리 활동도 도움이 될 수 있는데, 동아리 활동을 통해 관련 경험을 쌓고 영화 제작에 참여하는 경우도 있다.

영화감독이 되는 방법은 여러 가지다. 대표적인 방법은 조감독으로 연출부에서 경험을 쌓고 감독으로 데뷔하는 것이다. 연출부는 장면을 촬영하고 조명을 조절하는 일을 하는데, 풍부한 현장 경험을 쌓을 수 있는 것이 장점이다. 시나리오 공모전이나 단편 영화제, 해외 영화제 등에 입상하여 연출부 생활을 거치지 않고 바로 감독으로 입문하기도 한다. 마지막으로 영화 관련 학과를 졸업하거나 전문 영화 아카데미에서 교육을 받은 후, 감독으로 데뷔하기도 한다. 1984년에 설립된 한국 영화 아카데미(KAFA)는 '한국의 영화 사관 학교'로 불리며, 감독을 비롯한 많은 영화인을 배출하였다. 어떤 경로를 선택하든지, 영화감독이 되는 데는 대부분 5~10년 정도가 걸린다. 긴 시간 동안 시나리오를 습작하거나 연출 공부 또는 조감독 생활을 통해 경험과 실무 능력을 쌓아야 한다.

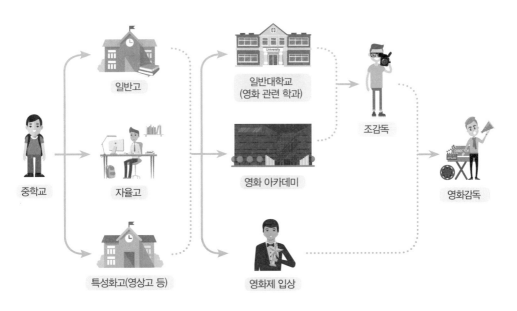

🔺 영화감독의 커리어 패스

대학교
관련 학과

영화학과

 학과 소개

급변하는 영상 시대에 창의적 ·
예술적인 감성과 전문 지식을 갖출 수 있도록 영
화 연출, 시나리오, 촬영, 편집, 음향, 기획 등
실기 위주의 교육을 실시하여, 각 분야의 제작 실무를
체험하고 전반적인 영화 작업 과정을 경험할 수 있게 한다.
기본적인 영화 이론에서부터 실무 과정을 제공하고,
다양한 학문과의 융합 교육을 통해 영화 창작자로서의
철학과 세계관을 구축할 수 있도록 한다. 새로운 영상
문화와 첨단 기술을 선도할 수 있는 소양과
창의력, 그리고 기술력을 겸비한 전문
인력 양성을 목표로 한다.

 진출 직업

영화감독, 영화 프로듀서,
영화 산업 종사자, 시나리오 작가,
영화배우, 촬영 · 무대 · 조명 감독,
음향 및 편집 감독, 뮤직비디오 감독,
CF 감독, 미디어 편집, 방송사
PD, 기업체 홍보팀 등

관련 학과

영화영상학과,
영상영화학과,
연극영화학과, 연극학과,
연기예술학과,
방송영화영상학과,
영화과 등

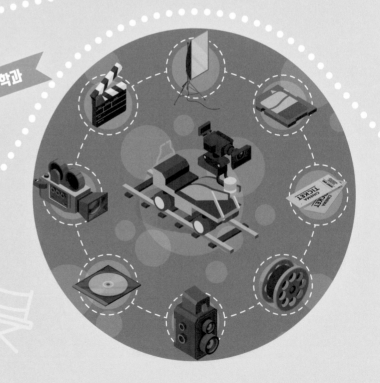

자격 및 면허

방송영사기사,
방송통신산업기사,
멀티미디어콘텐츠제작전문가,
웹디자인기능사,
컴퓨터그래픽스운영
기능사 등

진출 분야

★정부 및 공공 기관★
문화 · 예술 관련 정부 부서 및 국책
연구소, 산하 기관 등
★기업체★
언론사(지상파 방송국, 위성 방송국, 각 기업체
사내 방송국, 신문사, 잡지사), 멀티미디어 콘텐츠
제작업체, 인터넷 콘텐츠 기획 및 제작업체,
영화 제작사, 극장 및 극단, 연예 기획사,
이벤트 회사, 포토 스튜디오,
영상 산업 분야 등

적성 및 흥미

영화는 종합 예술이므로
사회, 문화, 정치, 경제, 역사, 음악, 철학 등
사회 전반에 걸친 지식과 관심이 있어야 한다.
다양한 분야의 영화를 즐겨 보고 예술적 감각과
풍부한 상상력을 기를 수 있으면 더욱 좋다.
한 편의 영화를 만들기 위해서는 전국을 돌아다니며
야외 촬영을 할 수도 있고, 어려운 상황에서 많은 사람을 이
끌고 제작을 강행할 수도 있다. 따라서 여러 분야의
사람들을 아우를 수 있는 리더십과 이견을 조율할 수
있는 의사소통 능력이 필요하다. 그리고
장시간의 작업 기간과 촬영 환경을 고려
할 때 체력 관리는 필수이다.

★동아리 활동★

연극이나 영상 관련 동아리, 방송반
활동 등을 통해 관련 분야의 다양한
경험을 하는 것이 좋다.

★봉사 활동★

개인적으로 참여하는 개별 봉사 활동
보다는 여러 사람과 함께 계획을 세
우고 일정을 조절해서 할 수 있는 봉
사 활동을 선택하여 꾸준히 참여해
볼 것을 추천한다.

★독서 활동★

시사 뉴스나 예술계의 이슈를 알 수
있게 관련 잡지를 꾸준히 탐독하고,
영화 및 철학 관련 분야의 책 읽기를
추천한다.

★교과 공부★

사회 현상에 대한 전반적인 소양을
기를 수 있는 사회 교과와 시나리오
작성에 도움이 되는 국어 교과에 집
중한다.

★교외 활동★

문화 축제의 연극 무대나 청소년 영
화제 등에 참여하여 경험을 쌓고, 창
의력과 예술적 감성을 기를 수 있도
록 다양한 공모전에 작품을 제출해
볼 것을 권장한다.

※ 교내 축제 등에서 연극 제작에 참여하거나, 백일
장 대회 및 UCC 대회를 통해 실무 경험을 쌓을
것을 추천한다.

관련 학과
국제경제학과
128쪽

15 외환 딜러

1. 외환 딜러의 세계

해외여행을 가기 전에 반드시 해야 할 일은 무엇일까? 세계 각국은 대부분 자국 화폐를 사용하고 있는데, 나라마다 화폐 단위가 다르기 때문에 여행 목적지에서 사용할 돈을 환전해야 한다. 한 나라의 화폐를 다른 나라의 화폐로 교환할 때는 정해진 교환 비율이 있는데, 이를 환율이라고 한다. 즉, 환율이란 한 나라의 화폐를 다른 나라의 화폐로 교환할 때 나타나는 가치를 의미한다.

↗ 서로 종류가 다른 화폐와 화폐를 교환하는 일

예를 들어, 국내 경기가 활발하거나 우리나라와 북한의 관계가 안정될 때는 외국인의 국내 투자가 늘고, 국내 외환 시장에도 달러 공급이 증가한다. 달러 공급이 증가하면 달러 가치가 떨어져서 환율이 하락한다. 환율은 수요와 공급에 따라 매일 달라진다. 또한, 나라 안팎의 정치 상황이나 경기 변동에 따른 물가, 금리 등에 영향을 받아 시시때때로 변동한다.

세계 각국의 통화(돈)가 거래되는 곳을 외환 시장이라 하는데, 외환 딜러는 이 외환 시장에서 환율 변동을 이용하여 각 나라의 돈을 전문적으로 거래하는 일을 한다. 그렇다면 외환 딜러가 수익을 남기는 방법은 무엇일까? 외국 돈을 싸게 사들인 후, 비싸게 팔아 이익을 남기는 것이다.

환율 변동 상황을 파악하면서, 외환에 투자하여 차액을 남겨야 하는 외환 딜러의 하루는 정신없이 바쁘다. 국내 외환 시장은 9시에 시작하여 3시에 마감하는데, 외환 딜러는 대개 시장이 열리기 1시간 전에 출근하여 뉴스와 인터넷 자료를 살펴보고 해외 금융 시장의 동향을 파악한다. 장이 시작되는 9시부터는 초 단위로 결정을 내리는 딜러의 업무가 본격적으로 시작된다. 고도의 집중력을 가지고 책상을 가득 메운 6~7개의 모니터를 주시하며, 베팅을 시작한다. 적게는 백만 달러에서 많게는 수천만 달러를 거래하는 외환 딜러는 짧은 시간에 빠른 판단을 해야 하므로, '0.1초의 승부사'라고 불린다. 찰나의 판단으로 회사에 큰 이익을 안기거나 손해를 끼칠 수 있는 만큼, 외환 딜러는 스트레스를 많이 받는 직업이다. 그러나 세계 각국의 외환 딜러들과 승부수를 던지며 국제 금융 전문가로서 성장할 수 있는 매력적인 직업이기도 하다.

오늘의 환율 EXCHANGE RATES			
현찰 CASH		단위 : 원 (Unit : Korean Won)	
통 화 CURRENCIES		사실때 WE SELL	파실때 WE BUY
미 국 USD		1199.72	1107.28
일 본 JPY		1430.54	1381.34
유럽연합 EUR		1530.65	1471.23
중 국 CNY		187.87	169.99

전신송금 T/T			
통 화 CURRENCIES		보낼때 SELLING RATE	받을때 BUYING RATE
미 국 USD		1141.80	1116.20
일 본 JPY		1419.43	1392.45
유럽연합 EUR		1515.64	1486.24
중 국 CNY		180.71	177.15

현재 고시된 환율은 외환시장 상황 등에 따라서 변경될 수 있습니다

◎ 오늘의 환율 시세
환율은 수시로 변동하므로, 외환 딜러는 외환 거래 최적 시기를 선택해야 한다.

그것이 알고싶다 **딜링 룸(dealing room)에 대해 알아볼까?**

딜링 룸은 외환 딜러가 일하는 공간으로 트레이딩 룸(trading room)이라고도 한다. 딜러는 이 딜링 룸에서 고객의 주문을 시장에 연결하거나 자기 계산과 판단에 따라 원활하고 신속하게 거래 업무를 처리한다. 딜링 룸에는 시시각각으로 변하는 세계 금융 시장 정보나 뉴스를 전달하는 대형 전광판, 최신의 정보 전달 사무 처리 시스템 등이 갖추어져 있으며, 딜러는 금융의 변동 상황을 판단하고 리스크를 계산하면서 투자 기회를 포착하고 거래를 체결한다.

2. 외환 딜러가 하는 일

외환 딜러는 환율 변화를 예측하여 미국의 달러, 일본의 엔화 등 국제 금융 시장에서 통용되는 외환을 사고파는 일을 한다. 외환을 가장 쌀 때 사들이고(매수), 가장 비쌀 때

팔아(매도) 이익(<u>환차익</u>)을 남긴다. 외환 딜러는 기업 고객을 상대하는 코퍼레이트 딜러
(corporate dealer)와 외환 시장에서 외환을 사고파는 인터뱅크(interbank dealer) 딜러
로 나눌 수 있다. 일반적으로 외환 딜러는 인터뱅크 딜러를 의미하며, 코퍼레이트 딜러
는 고객의 요구 사항을 인터뱅크 딜러에게 전달하는 역할을 한다.

환율의 변동에 의해 발생하는 이익

세계의 정치 상황, 경제 지표 및 외환 시장의 정보를 수집한다.

실시간으로 국내외 금융 시장의 동향을 파악하고 환율 변화를 예측한다.

급변하는 환율 변화 속에서 민첩하게 매수 및 매도의 시점을 파악한다.

적절한 매매 시점이 정해지면, 외환을 매수하거나 매도하여 차익을 남긴다.

외환 거래 상황과 환율 변동에 대해 외국의 외환 딜러들과 정보를 교환한다.

향후 시장 전망에 대해 상급자에게 보고하고 고객에게 거래를 권유한다.

외환 딜러

외환 딜러는 직업 특성상 장에서 거래가 이루어질 때는 잠시도 자리를 비울 수 없다.
특히 서울 장이 열리는 오전 9시부터 3시부터는 쉬지 않고 시장 상황을 확인해야 하므
로, 점심을 거르거나 배달 음식으로 끼니를 해결할 때가 많다. 순간적 판단에 따라 큰 이
익이나 손해를 볼 수 있으므로, 업무 스트레스도 매우 크다. 환율에 영향을 줄 수 있는
국내외 뉴스나 금융 지표, 경제 흐름을 다른 사람보다도 먼저 체크하고 매매 거래 전략
을 세우는 등 항상 남보다 앞서기 위해 노력해야 한다. 비록 장이 마감되더라도 24시간
내내 운영되는 세계 금융 시장을 주시해야 하는 외환 딜러에게, 개인 시간은 거의 없다
고 할 수 있다.

그러나 외환 딜러가 외환을 매도하여 예측한 대로 환차익을 많이 내서 큰 수익을 남기면 성과급이 주어진다. 또한, 외국 딜러들과 실시간 정보 교환을 하며 세계 경제 및 국가 경제의 중심에서 영향력을 가지고 참여한다는 자부심도 크다. 이러한 매력 때문에 각 은행의 외환 딜러 공모에는 실력자들이 몰려 경쟁이 치열하다.

그것이 알고싶다 증권 중개인은 무슨 일을 할까?

외환 딜러가 환율의 변화를 분석하며 외환을 사고팔아 차익을 남긴다면, 증권 중개인은 주가의 변화를 분석하며 주식을 사고팔아 수익을 남긴다.

증권 중개인은 주식을 사고파는 기관이나 개인 투자자를 대상으로 매매를 성사시킨다. 주식을 사려는 사람에게는 주가 상승 폭이 큰 종목을 추천하고, 주식을 소유한 사람에게는 적절한 시기에 매도할 것을 권한다. 증권 중개인도 외환 딜러와 마찬가지로 세계정세와 경제 상황에 대한 지식을 갖추고 경기를 예측할 수 있어야 한다. 관련 자격으로는 증권투자상담사가 있다.

3. 외환 딜러에게 필요한 능력

외환 딜러는 밤낮을 가리지 않고 환율 및 자금의 흐름에 관한 정보를 수집·파악해야 하고, 환율 변동에 따라 외환을 언제 사고팔지 정확하게 결정해야 한다. 따라서 경제 상황을 분석하여 환율 변동과 주가 등락을 예측할 수 있는 능력을 갖추어야 하고, 관련 지표와 그래프 등을 분석할 수 있는 수학과 경제학 지식도 지녀야 한다.

외환 딜러는 빈틈없는 치밀함과 고도의 집중력, 결단력이 요구되는 직업이다. 외환 딜러는 환율의 등락에 따른 손해 발생 가능성 때문에 항상 스트레스를 받으므로, 외부 환경에 대한 부담이나 불안에 쉽게 흔들리지 않고 극복할 수 있는 뚝심과 자기 통제력이 있어야 한다. 세계의 능력 있는 외환 딜러들과 경쟁하려면 국제 정세와 경제학 지식에도 밝아야 하므로 끊임없이 공부해야 한다.

외환 딜러는 컴퓨터에 능숙한 사람에게 유리하다. 또 해외 자료를 분석하고 외국의 딜러들과 수시로 소통하고 거래해야 하므로 능숙한 외국어 실력도 갖추어야 한다.

4. 외환 딜러와 관련된 학과 및 자격증

- **관련 학과:** 국제경제학과, 경제학과, 경영학과, 통계학과, 회계학과, 수학과 등
- **관련 자격:** 외환관리사, 외환전문역, 공인재무분석사(CFA)

5. 외환 딜러의 직업 전망

외환 딜러는 높은 수준의 전문적 지식이 필요한 직업이므로, 업무에 통달하려면 많은 노력이 필요하다. 우리나라는 경제 활동에서 수출이 차지하는 비중이 크고, 대외 의존도가 높은 편이어서 외환 거래는 더욱 확대될 것이다. 오늘날 국가 간 무역 거래와 해외여행이 증가하면서 외환 거래가 꾸준히 늘고 있다. 또한, 금융 시장이 한층 복잡해지고 규모도 커져서 관련 분야의 업무도 세분화·전문화하고 있다. 이에 따라 외환 딜러의 수요는 꾸준히 증가하였다.

외환 딜러는 업무의 전문성과 자율성을 보장받기 때문에 직업 선호도 조사에서 높은 평가를 받으며, 전문직으로 인정받아 연봉도 높은 편이다. 업무의 강도가 세고 체력도 뒷받침되어야 하므로 정년까지 일하기는 힘들지만, 외환 시장에 대한 감각과 금융 및 경제 분야에 관한 능력을 인정받아 국제 금융 및 투자 상담 분야로 이직할 길도 열려 있다. 단, 경기의 변동성과 빅데이터에 기반을 둔 거래의 활성화 등으로 외환 딜러의 수요는 다소 위축될 수 있다.

직장을 옮기거나 직업을 바꿈.

그것이 알고 싶다 | 금융 위기 이후 외환 관리 체계는 어떻게 달라졌을까?

과거 우리나라는 외환 보유액이 현저하게 감소하여 외환 위기를 맞은 바 있다. 당시 우리나라는 국제 통화 기금(IMF)의 구제 금융을 받고 경제 전반에 걸쳐 뼈를 깎는 구조 조정을 시행하였다. 많은 기업이 파산하였고, 경제 지표도 크게 악화되었다. 그 후 정부는 외환 보유액을 관리하는 데 힘쓰는 한편, 외환 변동에 체계적으로 대비하고 서비스 산업 경쟁력을 강화하고자 외환 딜러, 선물 거래사 등 전문 인력 양성에도 지원을 계속하였다. 외환 시장에 대한 관심과 각종 지원에 따라 외환 거래도 점차 증가하였다.

외환 딜러

외환 딜러가 되기 위한 특별한 자격증은 따로 없다. 그러나 경영, 경제, 무역, 통계학 등의 상경 계열 학과를 전공하는 것이 유리하며, 세계 금융 시장을 무대로 활동하려면 외국 경영 대학원에서 MBA 를 취득하는 것이 좋다. 외환 관리사(한국 무역 협회 주관)나 투자 상담사(증권 연수원 주관)와 같은 자격증을 취득하면 딜러가 되는 데 좀 더 유리할 수 있다. 국내에서는 한국 금융 연수원이 금융 사무원을 대상으로 국제 금융 전반에 관한 6개월 교육 과정을 개설하고 있으며, 이외에도 일부 사설 기관에서 외환 딜러 양성 교육 프로그램을 설치하고 있다.

일반적으로는 외국환 업무를 할 수 있는 국내 은행이나 외국 은행, 증권사에 입사하여 필요한 경력을 쌓고 딜러로 활동하는 경우가 대부분이다. 국내 은행에서는 경력 있는 직원을 대상으로 업무 능력, 외국어 실력, 외환 관련 지식 등을 평가하여 외환 딜러를 선발한다. 외환 딜러가 되면 대개 1년 정도의 연수 과정을 거친 뒤, 외환 업무 지원 부서나 국제 금융 부서에서 일하게 된다.

처음에는 현장 실습 위주의 고된 훈련 과정을 거친다. 선임 딜러 밑에서 거래 보조 업무를 맡는 과정을 시작으로 점차 업무 범위를 넓혀가면서 경험을 축적하게 된다. 처음 몇 년간은 딜러 업무를 담당하더라도 거래할 수 있는 금액에 제한을 받지만, 실력을 인정받으면 1억 달러 이상을 거래할 수 있고, 기업과 개인의 거래를 처리하는 선임 딜러가 될 수도 있다. 선임 딜러는 은행에 보통 1명~2명에 불과할 정도로 뛰어난 업무 능력과 경력이 필요하다.

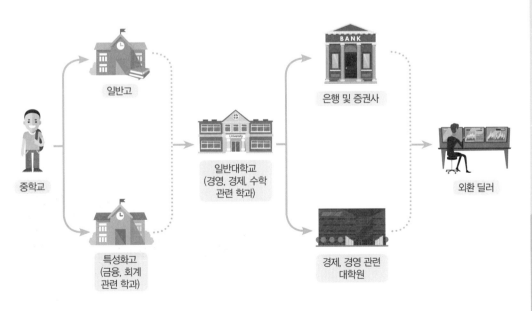

⬥ 외환 딜러의 커리어 패스

대학교 관련 학과

국제경제학과

학과 소개

국제경제학과는 세계를 무대로
한국 경제를 선도할 능력을 갖춘 인력을
양성하고자 경제 이론 전반에 관한 전문 지식은 물론,
국제간의 무역과 자본 거래, 외환과 국제 수지 등
국제 경제의 흐름에 관한 실무 지식을 가르친다.
세계화와 더불어 국제 정세와 경제의 유기적 연결이
더욱 공고해지는 상황에서, 변화된 환경에 적응하여 역량을
발휘할 수 있도록 체계적 교육 과정을 제공한다.
세계 금융 시장의 확대에 따른 전문 인력에 대한
수요 증가에 맞춰, 국제 경제를 냉철하게
분석하고 통찰할 안목을 지닌 국제
경영인을 양성하고자 노력한다.

진출 직업

관세사, 세무사, 외환
딜러, 국제 통상 전문가, 투자
분석가(애널리스트), 다국적 기업
경영자, 경제학 연구원, 금융 관련
사무원, 금융 관리자, 금융 자산
운용가, 무역 사무원 등

관련 학과

경제학과, 경영학과,
국제통상학과, 회계학과,
무역학과, 국제무역학과,
통계학과, 경제통계학과 등

중·고등학교
학교생활 포트폴리오

자격 및 면허

관세사, 세무사,
물류관리사, 은행FP,
증권FP, 외환관리사,
외환전문역,
공인재무분석사 등

진출 분야

★정부 및 공공 기관★
외교 통상부, 한국 수입 협회,
국제 금융 공사 한국 지사 등 국영 기업 및
국가 공공 기관

★기업체★
일반 기업체, 외국계 회사, 금융 기관 등

★연구소★
기업체 연구원 및 각종 협회 연구원 등

적성 및 흥미

경제 분야 및 국내외 정치 흐름에 관한
자료를 읽거나 공부하는 데 흥미가 있어야 한다.
거시적 관점에서 세계 경제를 분석하고 무역과
자금 운용 등을 공부해야 하므로 상황에 따른 판단력과
순발력이 필요하다. 통계 자료에도 능숙해야 하므로
수리 능력도 좋아야 한다.
개인의 노력만으로 해결하기 힘든 국제 경제 상황을
헤쳐 갈 대범하고 강한 정신력도 필요하다. 또한,
세계 역사에 대한 소양, 관계 법규 이해 능력 및
국제 감각 등을 갖추어야 하며,
외국어 능력도 필수다.

★동아리 활동★

경제 연구 및 모의 투자, 창업 동아리 활동을 통해 경제에 대한 감각을 갖출 수 있도록 노력한다.

★봉사 활동★

국제 협력 관련 기관에서 행정 및 사무 지원 분야의 봉사 활동에 참가하여 국제 감각을 익힐 것을 추천한다.

★독서 활동★

경제 및 경영 관련 서적과 세계 역사와 철학에 관한 서적을 탐독하여 다양한 문화를 이해할 수 있도록 한다.

★교과 공부★

사회, 정치, 경제 관련 교과와 수리 능력을 증명할 수 있는 수학 교과에서 좋은 성적을 유지해야 한다.

★교외 활동★

청소년 경제 캠프에 참가하여 경제에 관한 감각을 익히고, 세계 화폐 박물관, 한국 거래소 등을 견학한다.

※ 경제 및 경영 관련 교과 및 수학 경시 대회에 참여하여 수상한 실적과 외국어 경진 대회 실적도 도움이 된다.

16 카레이서

1. 카레이서의 세계

더 빠르고 더 가볍게!

카레이서가 모는 경주차는 직선 구간을 시속 300km 이상으로 달린다. 이 엄청난 스피드 때문에 카레이서는 중력의 2배가 넘는 압력을 온몸으로 감당해야 한다. 자동차 경기장에서 관중들이 두 손으로 귀를 막는 모습을 종종 볼 수 있는데, 말로 표현할 수 없는 굉음은 경주차의 스피드를 대변해 준다. 카레이서는 경주차와 혼연일체가 되어 속도의 한계에 도전하며, 경기장을 가득 채운 관중은 카레이서의 기술에 열광하면서 시시각각으로 변하는 경주 상황에 집중한다.

자동차 경주는 자동차가 등장할 무렵부터 시작되었다. 1894년 프랑스에서 자동차 성능을 테스트하는 시합이 개최되었다. 그 후 자동차 보급이 늘어남에 따라 여러 지역에서 자동차 경주가 열려 인기를 얻었다. 이와 더불어 빠른 속도를 내는 경주용 자동차도 개발되기 시작하였다.

국내에서는 자동차 경주가 아직 대중의 인기를 끌지는 못하지만, 자동차 마니아층을 중심으로 세계적 자동차 경주 대회에 대한 관심이 높아지고 있다. 이에 따라 경주용 자동차를 모는 카레이서가 새롭게 주목받고 있다.

카레이서는 자동차 경주를 하는 사람이다. 자동차 경주 중 가장 유명한 것은 포뮬러 차체에 타이어가 차체 밖으로 돌출된 1인승 경주용 차량

원(F1)으로 대표되는 일인승 경주다. 자동차 경주는 차량 종류, 장애물, 예술적 퍼포먼스, 직선과 곡선 주로, 도로 상태 등에 따라 일인승 경주 외에도 기초적인 카트 경주부터 랠리 경주, 투어링 경주, 빙판길 경주, 드래그 경주 등 그 종류가 다양하다. 이를 통틀어 '모터스포츠'라고 하며, 카레이서는 '모터스포츠 선수'다.

Tip⁺ 모터스포츠의 종류

- **카트 경주(kart racing):** 작고 가벼운 카트 자동차로 하는 경주다. 소규모 경주로를 사용하기 때문에 관중이 경기 상황을 파악하기 편리하다.
- **랠리 경주(rallying):** 자동차로 정해진 구간을 달리는 경주다. 일반 도로에서 5,000km 또는 5일간 등 장거리 · 장시간에 걸쳐 실시한다.

◎ 랠리 경주

- **투어링 경주(touring car racing):** 일반 시판용 자동차를 개조해 참가하는 경주다.
- **빙판길 경주(ice racing):** 얼어붙은 호수나 강, 바닥이 언 공터 등에서 하는 경주다.
- **드래그 경주(drag racing):** 보통 400m의 직선 도로를 빨리 달리는 경주다.
- **일인승 경주(single-seater racing, open-wheel racing):** 고속 주행할 수 있는 자동차를 이용한 경주다. 오픈 휠(open-wheel) 경주라고도 한다. 가장 유명한 일인승 경주는 포뮬라 원 자동차 경주다.

자동차 경기장을 서킷(circuit) 또는 레이싱 트랙(racing track)이라고 한다. 서킷은 회로 형태의 선을 의미하는데, 속도 제한이 없는 경주용 도로이다. 카레이서는 극한의 스피드로 서킷을 질주하며 치열한 경쟁을 벌인다. 극한의 스피드를 즐기는 서킷의 승부사인 카레이서에게는 강한 체력과 고도의 집중력이 요구된다.

Tip **모터스포츠의 깃발 신호**

모터스포츠 현장에서는 자동차의 굉음과 관중의 함성 등으로 정확한 의사소통이 어렵다. 이 때문에 국제 자동차 연맹(FIA)은 안전한 경주를 위해 세계 공통으로 사용할 수 있는 깃발을 지정하였다.

- **녹색기:** 주로 출발 신호나 사고 처리 후, 레이스의 재진행이 가능하다는 것을 알릴 때 사용한다.
- **황색기:** 사고 발생을 알린다(경고 및 주의).
- **오일기:** 서킷의 노면이 차량 사고로 발생한 파편이나 물기 등으로 미끄러운 상태임을 알리고 이에 주의하라는 신호다.
- **청색기:** 추월 차량이 있으니 자리를 내주어야 한다는 깃발이며, 상위권이 아닌 한 바퀴 이상 차이가 나는 드라이버들에게 사용한다.
- **백색기:** 고장 차량, 구급차, 견인차 등이 트랙에 있으므로 주의하라는 표시다.
- **흑색기:** 반칙 차량에 대해 지정된 페널티를 이행하라는 표시다.
- **흑백반기:** 반칙을 경고할 때 사용한다.
- **오렌지볼기:** 차량에 문제가 있는 카레이서에게 수리를 하라고 지시할 때 사용한다.
- **적색기:** 폭우, 화재, 추돌 사고 등 경기를 중단시킬 때 사용한다.
- **체커기:** 경기의 종료를 뜻하는 신호다. 선두 차량이 랩을 마치고 들어올 때 가장 먼저 흔들어 주므로 승리의 상징이라고 할 수 있다.

2. 카레이서가 하는 일

카레이서는 자동차 경주 대회에서 경주용 차량을 운전하여 대중에게 즐거움을 제공하는 모터스포츠 선수다. 카레이서도 다른 스포츠 선수들처럼 평소에는 운동으로 체력을 키우고, 정비 전문가인 미케닉과 스태프 등의 팀원들과 함께 주행 연습을 한다. 그리고 시합 일정에 맞춰 상대 팀의 경기력을 수집하고 분석하여 주행 전략을 세운다.

깃발 신호와 함께 출발하고, 서킷을 돌며 팀장의 무전을 받아 **피트**로 들어간다. **피트 인** 시간은 경주 시간에 포함되므로, 미케닉은 최대한 빨리 기름을 넣고 타이어를 교체한다.

정비 구역 → 정비 구역 진입 →

자동차 경주에 참가하여 차량을 운전한다.

시합 전 차량 테스트를 받은 후 시험 주행을 하고, 미케닉에게 차량 정비를 맡긴다.

카레이서

정비가 끝나면 트랙에 복귀하여 다른 선수들과 경주한다. 시합 후에는 성적이나 인지도에 따라 인터뷰를 하기도 한다.

예선과 결승 경주를 치르며, 예선 순위에 따라 결승 **그리드**를 배정받는다.
출발 위치 →

관중의 열렬한 환호를 받으며 스피드를 즐기는 카레이서는 우리에게 익숙한 직업은 아니지만, 그 전망은 매우 밝다. 카레이서들은 이 직업의 매력을 굉음을 뚫고 나가는 빠른 스피드와 결승점을 통과할 때 느끼는 쾌감이라고 한결같이 이야기한다. 고도로 상업화된 스포츠여서 화려한 볼거리가 많은 점도 자동차 경주가 인기를 끄는 요소이다.

그러나 카레이서는 많은 고통과 위험을 견뎌야 하는 극한 직업이기도 하다. 자동차 경주에서 스피드를 높이려면 차량의 무게를 최소화해야 한다. 이 때문에 카레이서는 히터나 에어컨 같은 편의 장비도 없는 차량에서 두꺼운 레이싱 슈트와 헬멧을 착용하고 질주한다. 실내에 엔진의 열이 그대로 들어오므로, 차량 내부 온도가 60℃까지 올라가기도 한다. 카레이서가 서킷에 들어서는 순간부터 한 치의 실수도 용납되지 않으며, 항상 사고의 위험이 도사리고 있다. 안전장치가 워낙 잘 되어 있어 큰 부상을 당하는 경우는 흔치 않지만, 한번 사고를 당하면 깊은 슬럼프에 빠지기도 한다.

겉으로는 고액의 연봉과 스포트라이트를 받는 화려한 직업이지만, 이런 대우는 어디까지나 프로 선수로서 성공한 경우에만 해당된다. 또한, 모터스포츠는 비용이 많이 드는 종목이므로, 카레이서가 안정적으로 경기하려면 든든한 후원자를 만나는 것도 중요하다.

그것이 알고싶다 미케닉은 무슨 일을 할까?

미케닉은 경주용 자동차의 제작, 수리, 점검을 담당하는 정비 전문가이다. 한 대의 경주용 자동차에 보통 5명의 미케닉이 타이어, 엔진, 부품, 차량, 연료를 전문적으로 담당하여 정비한다. 경주차가 피트에 들어오면 미케닉은 바퀴를 교체하고 망가진 부분을 수리하는 등 차량을 온전한 상태로 복구하기 위해 분초를 다투어 움직인다. 경기 중에는 카레이서와 무전으로 경기 상황을 소통하기도 한다.

○ 차량을 점검하는 미케닉

자동차 경주 대회에서 대중들은 카레이서의 화려한 기술과 속도에 열광하지만, 미케닉은 주목하지 않는다. 하지만 뛰어난 미케닉이 있어야 카레이서도 제 몫을 할 수 있다.

3. 카레이서에게 필요한 능력

모터스포츠 선수인 카레이서에게 가장 큰 과제는 스피드이다. 스피드를 내려면 주행 실력을 바탕으로 균형 감각과 빠른 판단력을 발휘해야 한다. 따라서 평소에도 체력을 연마하고 운동 능력을 유지하는 데 힘써야 한다. 몸무게의 증가에 비례하여 몸에 가해지는 중력의 압박도 커지므로, 카레이서는 항상 적정 수준의 체중을 유지해야 한다. 빈틈없는 자기 관리 능력과 치열한 경기에서 고도의 집중력과 평정심을 유지할 수 있는 정신력이 필요하다. 또한, 뒤차를 견제하여 자리를 내어주지 않는 동시에 앞선 차량의 빈틈을 파고 들어 질주해야 하므로 늘 위험이 도사리고 있어, 위기 대처 능력과 순발력이 필요하다.

자동차 경주는 카레이서 혼자만의 경기가 아니라 팀장, 미케닉, 스태프 등과 함께 호흡하는 공동 경기이다. 따라서 독단적 판단을 억제하고 동료들과 단결하고 협동하는 자세가 필요하다. 카레이서는 또한 관중에게 화려한 볼거리를 제공해야 하고 좋은 후원자를 만나야 하므로, 사람들의 시선을 집중시킬 수 있는 쇼맨십을 가진 사람에게 더욱 적합하다.

4. 카레이서와 관련된 학과 및 자격증

- **관련 학과:** 자동차과, 자동차모터스포츠학과
- **관련 자격:** 국내 경기 선수 라이선스(A, B, C등급), 수퍼 라이선스, 카트 선수 라이선스(A, B, C등급)

5. 카레이서의 직업 전망

최근 우리나라에서도 F1 그랑프리 자동차 경주 대회가 유치되면서, 연예인 경주 선수나 레이싱 모델(grid girl)에 대한 관심이 높아지고 있다. 스피드를 즐기는 일반인이 카트나 국내 선수 라이선스를 취득하여 자동차 경주에 참여하기도 한다. 이러한 환경 변화에 따라 카레이서 직업에 대한 인식과 대우도 좋아지고 있다. 유명한 카레이서가 연예인 못지않은 인기를 누리게 되자 자동차 경주에 투자하는 회사도 늘어나고 있다. 자동차 경주가 마케팅 산업에 활용되면서 기업의 지원이 활발해지고 있어, 국내 카레이서의 수요도 증가할 것으로 예상된다.

현재, 무인 자동차 기술의 실용화가 이루어져 무인 경주차가 등장하는가 하면, 자율 주행 국제 대회, 자율 주행 모터쇼 등도 활발하게 개최되고 있다. 아직은 무인 자동차 주행 능력이 카레이서의 본능적인 기술과 스피드를 따라가지 못하지만, 전문가들은 자동차와 첨단 기술이 결합하면 앞으로 카레이서의 능력을 뛰어넘는 무인 경주차나 로봇 레이서가 등장할 것이라고 예견한다. 따라서 자동차 공학에 관한 전문 지식이나 첨단 기술을 습득하는 등 사회적 변화에 맞는 새로운 역량을 개발할 필요성도 커지고 있다.

카레이서

카레이서가 되는 데 특별한 학력을 요구하지는 않지만, 자동차 관련 학과를 전공하면 다소 유리하다. 특성화고 자동차과에서 자동차의 장치별 구조와 특성에 대한 지식과 정비 기술을 습득할 수 있고, 대학교 자동차모터스포츠학과에 진학하여 전문 지식을 배울 수 있다. 특히, 자동차모터스포츠학과를 전공할 경우 학교 소속 선수로 실전 대회에 참가할 기회가 있고, 대회에서 눈에 띄는 성적을 거두면 프로팀에 스카우트될 수도 있으므로 카레이서가 되는 데 매우 유리하다.

카레이서가 되려면 우선 주행 감각을 익혀야 하기 때문에, 보통 카트 경주부터 시작한다. 공식 카트 경기에 참가하기 위해서는 대한자동차경주협회에서 인정하는 라이선스(license, 자격증)를 취득해야 한다. KARA: Korea Automobile Racing Association

카레이서는 경주 자동차 종류에 따라 구분한다. 포뮬러 카레이서가 되려면 포뮬러 레이스 라이선스를 추가로 취득해 실력에 따라 카트에서 엔트리 포뮬러, F3, GP2를 거쳐 F1까지 참가한다. 이 밖에 대한자동차경주협회에서 발급하는 국내 경기 선수 라이선스를 취득해 국내에서 개최하는 경기에 참여하는 방법도 있다. 라이선스를 취득하더라도 경기에 참가하려면 충분한 연습이 필요하기 때문에, 대학의 모터스포츠학과에 진학해서 전문적으로 실력을 기르거나 레이싱 팀 또는 드라이빙 스쿨에서 교육과 훈련을 받기도 한다.

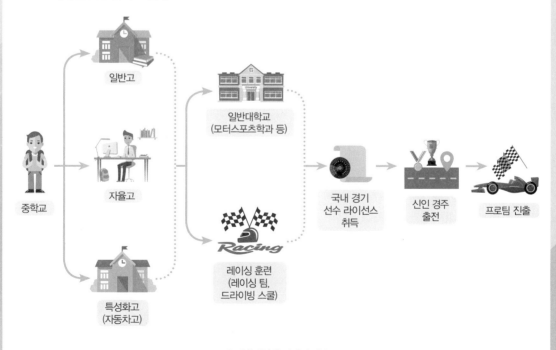

△ 카레이서의 커리어 패스

대학교 관련 학과

자동차모터 스포츠학과

학과 소개

자동차 기계 공학을 바탕으로
자동차 제작 기술과 구조, 정비, 부품 설계 등의
전문적 지식과 경주용 자동차의 공학적 원리, 주행 기술,
레이싱 등 체계적이고 심도 있는 실기 수업을 통해
이론과 실전 감각을 갖추도록 교육 과정을 제공한다.
과학적 이론과 지식을 학습하고 주행 기술, 경주 규정,
사고 대처 방법 등을 실습한 후 대회 참가를 통해
카레이서로서 실전 감각을 기르는 동시에,
미케닉으로서 필요한 역량을 함양하도록
함으로써, 모터스포츠 분야의 발전을
이끌 전문 인력을 양성한다.

진출 직업

카레이서, 미케닉, 자동차 튜너,
자동차 공학 기술자, 자동차 정비
산업 기사, 자동차 관리사, 자동차
검사 산업 기사 등

관련 학과

자동차공학과,
자동차개발학과, 자동차기계공학과,
자동차산업공학과, 자동차소프트웨어학과,
자동차디지털튜닝학과, 자동차ICT공학과,
자동차IT융합과, 자동차운송디자인학과,
기계자동차로봇부품공학부,
기계자동차융합공학과, 체육학과 등

국내경기선수
라이선스(A, B, C),
수퍼라이선스, 카트선수
라이선스(A, B, C),
자동차정비산업기사,
건설기계정비산업기사,
일반기계 산업기사 등

자격 및 면허

★정부 및 공공 기관★
기술직 공무원 및 공기업

★기업체★
카레이서, 미케닉, 레이싱팀 매니저,
자동차 관리사, 자동차 유통 및 관리업체,
자동차 보험 및 손해 사정사, 튜닝 관련 업체,
자동차 경주 관련 업체 등

★연구소★
자동차 생산업체(연구원/기술직)

진출 분야

적성 및 흥미

자동차뿐만 아니라 기계를
다루는 데 흥미가 있어야 한다. 모터스포츠
선수는 자동차 정비 실력도 갖추어야 하므로
공학적 지식이 있어야 한다. 논리 · 수학 능력과
공간 지각 능력이 있으면 더욱 좋다.
더운 날씨에도 균형 감각과 민첩성, 순발력을 발휘하여
경기에 참여해야 하므로, 강한 체력과 신체 능력이
요구된다. 모터스포츠 분야는 기계 공학에 대한
지식과 빠른 스피드를 감당할 수 있는
체력을 모두 지녀야 한다.

★동아리 활동★

주행 능력을 키울 수 있는 카트 동아
리나 과학 기술을 경험할 수 있는 드
론 및 3D 프린트 동아리, 또는 체력
을 단련할 수 있는 동아리 활동을 권
장한다.

★봉사 활동★

기회가 되면 자동차 경주 행사 진행
에 참여하는 것도 좋은 방법이다. 특
정 분야를 선정하기보다는 끈기를 기
를 수 있도록 꾸준히 봉사 활동에 참
여하는 것이 좋다.

★독서 활동★

자동차 및 첨단 과학 기술 관련 도서
를 꾸준히 탐독하여 자동차에 관한
지식을 기르고, 4차 산업 혁명에 따른
변화를 이해할 것을 권장한다.

★교과 공부★

자동차 기술 공학을 이해하기 위해
수학과 과학, 컴퓨터 교과 공부에 집
중하고 외국어 실력을 갖추면 더욱
좋다.

★교외 활동★

평소 자동차 경주를 관람하여 경기
진행 과정 등을 관찰하고, 직접 카트
를 타 보는 경험을 하는 것도 좋다.

※ 카트 경기에 출전한 경험이나 수학 및 컴퓨터 경
진 대회 참가 실적도 자동차의 구조 및 기술을 이
해하는 데 많은 도움이 된다.

17 통역사

관련 학과
외국어
관련 학과
144쪽

1. 통역사의 세계

북한, 러시아, 중국 등지에 분포하며, 시베리아 호랑이, 아무르 호랑이라고도 함

2010년 러시아는 한·러 수교 20주년을 기념하여 우리나라에 백두산 호랑이 3마리를 기증하였다. 러시아가 백두산 호랑이를 기증하게 된 배경에는 '통역 실수'가 있었다고 한다. 당시 러시아 현지 언론도 "통역의 실수로 한국에 선물하게 된 호랑이"라고 보도하였다. 러시아의 천연자원 감독청장이 방한했을 때, 한국 측 관계자들이 "백두산 호랑이에 관심이 많다."라고 한 것을 통역 과정에서 "러시아가 우리에게 백두산 호랑이를 기증할 의사가 있는지"라고 이야기한 것으로 잘못 전달하였기 때문이다.

통역사는 서로 다른 언어를 사용하는 사람들이 의사소통할 수 있도록 한 언어를 상대 언어로 바꾸어 전달하는 직업이다. 이들은 다양한 문화권에 속한 사람들의 말을 통역하여 이해할 수 있게 하며, 서로 문화를 교류하도록 돕는 역할을 한다. 순간적인 통역 실수로 일어난 '백두산 호랑이' 기증 사례는 문화 교류 차원에서 마무리되었지만, 세계 정상들의 협상 자리에서 발생하는 통역 실수는 불필요한 오해를 낳거나 예상치 못한 피해를 주기도 한다.

오늘날 세계화의 확산으로 각 지역의 문화가 서로 영향을 주고받으며 유기적으로 발전함에 따라, 상대방의 언어와 문화를 이해하고 원활하게 의사소통할 필요성이 한층 커지게 되었다. 통역사의 역할은 매우 중요하고 광범위하다. 각국 지도자나 전문가가 모여 중요한 업무를 다루는 회의, 협상, 세미나 등에서, 통역사는 서로 다른 언어를 사용하는 사람들 간의 의사소통이 정확하고 원활하게 이루어지도록 하는 사람이다. 통역사가 없는, 다시 말해서 의사소통이 이루어지지 않는 국제회의는 상상하기 힘들다. 통역사는 국제 행사의 단순한 보조자에 그치지 않고, 국제 관계에서 중요하고 핵심적인 역할을 한다. 이러한 이유로 전문 통역사가 외교부 장관에 임명되기도 한다.

통역사는 국제회의나 올림픽 같은 중요한 행사에 참여하여 외국어를 우리말로 또는 우리말을 외국어로 통역한다. 또한, 외국 관광객을 안내하는 가이드 역할을 하거나, 외국인의 개인적 업무를 돕기도 한다. 통역사는 단순히 외국어만 잘해서 되는 것이 아니라, 우리말에 능통해야 하고 풍부한 상식도 필요한 전문직이다. 최근에는 통역도 점차 세분되어서 정보 기술(IT), 경제, 정치, 의학, 스포츠 등 특정 전문 영역을 중심으로 활동하는 경향이 있다. 통역사의 화려함 뒤에는 외국어와 모국어를 갈고 닦으며, 넓은 상식과 자신만의 특화된 전문 지식을 갖추어 가는 끊임없는 노력과 인내가 숨어있다.

2. 통역사가 하는 일

통역사의 업무는 서로 다른 언어를 쓰는 사람들 사이에서 한편의 언어를 상대편의 언어로 바꾸어 전달하는 것이다. 또한, 중요한 국제 행사에 참여하여 우리말이나 외국어를 통역함으로써 참여자들이 의사소통할 수 있도록 돕는다.

통역은 진행되는 형태에 따라 동시통역, 순차 통역, 위스퍼링(whispering) 통역, 수행 통역 등으로 구분한다.

- 동시통역은 국제회의 및 세미나 등에서 연사의 말을 실시간으로 통역하는 것이다. 참가자들은 무선 통역기를 통해 동시 통역사의 통역을 들을 수 있다.
- 순차 통역은 발표자의 연설이 끝나면 옆에서 말을 이어 통역하는 것이다.
- 위스퍼링 통역은 특정한 사람 곁에서 귓속말하듯이, 속삭이는 작은 소리로 통역하는 것이다.

• 수행 통역은 외국의 유명 인사 등 통역이 필요한 사람의 일정에 맞추어 따라다니면서 통역하는 것이다.

서로 다른 언어를 쓰는 사람들의 말을 상대편에 전달한다.

외국인의 말을 우리말로 전달하거나 우리말을 외국어로 전달한다.

통역사

국제회의나 올림픽과 같은 중요한 행사에 참여하여 외국어를 우리말로 또는 우리말을 외국어로 통역한다.

최근에는 통역도 전문화하는 추세여서 정보 기술(IT), 경제, 정치, 의학, 스포츠 등 자신만의 경쟁력을 발휘할 수 있는 특정 분야를 중심으로 활동하는 경향이 나타나고 있다. 예를 들어, 법정에서 통역하는 법정 통역사, 외국인 환자와 의료진 사이에서 통역 서비스를 제공하는 의료 통역사 등이 있다. 이 밖에도 장애인의 의사소통을 돕는 수화 통역사, 관광안내를 겸하는 관광 통역 안내사 등이 있으며, 그 수요가 점차 증가하고 있다.

통역사의 고용 형태는 인하우스(in-house)와 프리랜서로 구분된다. 인하우스는 기업이나 기관에 취업하여 그 업체의 통역만 전담하는 것이다. 고용 형태가 안정적이라는 장점이 있지만, 업무의 역동성은 그만큼 떨어진다. 반대로 프리랜서는 고정적으로 일할 수는 없지만, 시간을 유연하게 활용할 수 있다는 장점이 있다.

언어를 통해 세계를 연결하는 통역사는 높은 지적 능력이 필요한 전문직으로, 비교적 간섭을 덜 받는 자유 직종에 해당한다. 그러나 통역사의 업무 능력에 따라 수입 차이가 크고, 고용이 불안한 것이 단점이다. 업무상 작은 실수도 용납되지 않으며, 빡빡한 일정을 소화해야 하는 경우도 많아 스트레스가 큰 편이다. 외국어를 자유롭게 구사하고 우리말을 정확하게 표현하기 위해서는 많은 공부가 필요하다. 또한, 통역사의 활동 범위가 점차 세분되고 경쟁도 치열해지는 추세이므로, 자신을 특화할 수 있는 전문 분야를 개발해야 한다.

그것이 알고싶다 스포츠 통역사는 무슨 일을 하는가?

프로 경기에서 외국인 선수가 활동하기 시작하면서, 스포츠 통역사가 등장하였다. 스포츠 통역사는 외국에서 온 선수나 스태프의 의사소통을 도와주고, 이들이 현지 생활 적응에 적응하여 경기에 집중할 수 있도록 매니저 역할을 한다. 외국인 선수가 실력을 발휘하지 못하면 선수 자신은 물론 구단에도 손해가 되므로, 스포츠 통역사는 선수와 친밀한 관계를 형성하여 시즌을 성공적으로 마칠 수 있도록 물심양면으로 지원한다.

3. 통역사에게 필요한 능력

통역사는 정확한 의사소통을 위한 유창한 외국어 실력과 상대방의 이야기를 정확하게 이해하고 쉽게 표현하여 정리할 수 있는 전달력 및 언어 감각이 필요하다. 평소 다른 사람의 이야기를 집중하여 경청하고 공감하려는 자세를 가져야 한다.

다른 나라의 사회·문화·역사에 대한 깊은 이해와 풍부한 상식이 필요하므로, 외국의 뉴스와 드라마 등을 즐겨 보고 외국의 문화를 자주 접하는 것이 중요하다. 통역은 사람을 상대하는 일이기 때문에 언제든 돌발 변수가 생길 수 있다. 따라서 탄탄한 실력과 함께 사고의 유연성을 길러야 한다. 통역사는 실수에 대한 스트레스가 큰 직업이기 때문에, 행여 실수하더라도 떨쳐 버리고 통역에 집중할 수 있는 대범한 성격의 소유자에게 유리하다. 외국어 실력을 갖추려면 자기와의 고독한 싸움을 견뎌야 한다. 외국어는 단기간에 실력이 늘지 않으며, 하루만 사용하지 않아도 언어 감각이 떨어질 수 있기 때문이다. 통역사는 대개 프리랜서로 일하며 철저하게 능력으로 평가받기 때문에, 끊임없이 자기 계발에 힘쓰면서 업무에 열정과 노력을 쏟아야 한다.

4. 통역사와 관련된 학과 및 자격증

- **관련 학과:** 영어영문학과 등 어문 계열 학과 , 통번역학과 , 통역대학원 등
- **관련 직업:** 번역사, 의료 통역사, 관광 안내원, 호텔 종사원, 교수, 외국계 회사원, 외교관, 언론인, 금융 기관 종사자 등
- **관련 자격:** 동시통역사(국제회의 통역사), 관광통역안내사, 수화통역사, 사법통역사, 의료통역사 등

5. 통역사의 직업 전망

전문 통역사는 단순히 언어를 통역하는 데 그치지 않고, 각국의 문화와 환경 등 다양

한 측면을 고려하여 상황에 맞게 의사를 전달하는 역할을 한다. 오늘날 국제 경제 교류가 확대되면서 통역사의 고용도 꾸준히 늘고 있다. 또한, 교류 대상국이 다양해져 영어, 중국어뿐 아니라 아랍어, 러시아어 등의 수요도 증가하고 있다. 최근에는 국제회의, 국제 포럼, 세미나 등이 자주 개최되고, 기업, 정부 기관, 학교 간의 국제 교류도 늘어남에 따라, 통역사의 활동 무대가 넓어지고 그 역할도 커지고 있다.

한편, 번역 서비스에 이어 통역 자동화도 빠른 속도로 진행되고 있다. 현재는 간단한 의사소통이 가능한 정도지만, 앞으로 국제회의 등의 전문적 영역까지 자동 통역 기술을 활용하며, 궁극적으로는 세계 모든 사람이 언어 장벽을 느끼지 못할 정도로 대화를 나누는 것을 목표로 연구와 투자가 이루어지고 있다. 실제로 일본의 인공 지능 로봇 페퍼(Pepper)는 단순한 동시통역까지 할 수 있어, 과학 기술의 발전을 실감하게 한다. 따라서 향후 몇 년간은 통역사의 수요가 꾸준히 증가하겠지만, 영어 등 외국어에 능통한 인재가 많이 늘어나고 있고, 인공 지능의 영역이 빠르게 확장되는 만큼, 통역사의 역할이 점차 줄어들거나 인공 지능으로 대체될 가능성도 있음을 명심해야 한다.

△ 인공 지능 로봇, 페퍼

 Tip⁺ 통역사가 지켜야 할 직업 윤리

1. 직업적인 행동 기준에 따라 행동하며 적절한 예의범절을 지킨다.
2. 고객의 비밀을 유지하며 업무상 취득한 정보를 공개하지 않는다.
3. 교육과 자격 취득을 통해 입증된 언어 및 분야와 관련된 일만 맡아서 수행한다.
4. 직업적으로 접촉하는 사람을 공명정대하게 대한다.
5. 메시지의 의미를 왜곡하거나 누락하지 않고 정확하게 전달한다.
6. 메시지 전환 임무를 하는 조력자의 역할을 넘어서지 않는다.
7. 직업적 기준을 충족하는 수준의 업무 서비스를 제공한다.
8. 직업적 지식과 능력을 지속적으로 개발한다.
9. 동료를 존중하고 지원하여 직업적 연대를 구축한다.

출처: 통번역사 윤리 규정(발췌, 국제 통역 번역 협회)

통역사

통역사가 되기 위해 반드시 거쳐야 하는 별도의 자격이나 학력 조건이 있는 것은 아니다. 그러나 통역사들은 대부분 대학교 졸업 이상의 학력을 소지하고 있으며, 외국어 전공자가 많다. 특히, 동시 통역사의 경우는 대학원에서 통번역을 전공한 사람, 장기간 외국에서 살거나 유학한 사람 등이 주를 이루고 있다.

영어가 세계 공용어 구실을 하므로 영어영문과 출신의 통역사가 많은 편이지만, 일어, 중국어 전공자도 통역사가 될 기회가 많다. 이 밖에 프랑스어, 독일어, 러시아어, 에스파냐어, 포르투갈어 통역사의 수요가 많은 편이며, 타이어, 베트남어, 미얀마어, 아랍어 등 다양한 언어의 통역사도 필요하다.

한국에서 통역사가 되는 가장 일반적인 방법은 통번역 대학원에 들어가는 것이다. 현재 국내에는 한국외대, 이화여대, 서울외대, 선문대, 계명대, 한동대 등에서 통번역 대학원을 운영하며, 최근 중앙대 국제대학원(전문통번역학), 세종대, 고려대 등에서 통번역 석사 과정을 새로 개설하였다.

통번역 대학원을 졸업한 후, 학교나 선배의 추천을 받아 일하거나 통역 알선 전문 에이전시에 소속되어 일하기도 한다. 또한, 대기업, 공공 기관의 공채를 통해 전담 통역 담당자로 일할 수도 있다. 통역사는 주로 프리랜서로 활동하므로 특별한 승진 체계는 없다. 그러나 능력을 인정받으면 일할 기회가 많아지고, 통역료도 높아진다. 이 밖에 전문 교육 기관에서 실무 교육을 받고 통역사로 진출하는 경우도 있다.

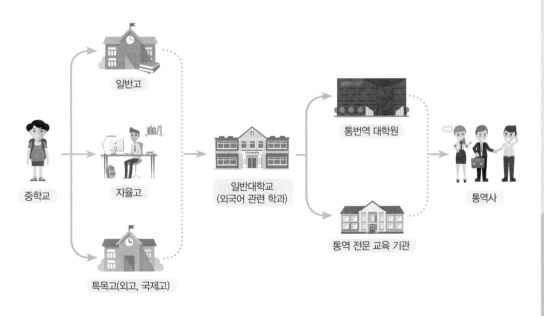

일반고

자율고

중학교

특목고(외고, 국제고)

일반대학교
(외국어 관련 학과)

통번역 대학원

통역 전문 교육 기관

통역사

🔺 통역사의 커리어 패스

외국어 관련 학과

학과 소개

해당 국가의 언어와 소리 체계,
구조와 문법, 의미 등의 언어학 관련 이론을
공부하여 언어를 바르게 말하고 쓰는 능력을 습득한다.
읽고 말하는 실용 언어와 문학 작품 분석을 통해
다양한 표현과 시대적 배경 및 가치관 등을 이해한다.
외국인과 원활하게 소통할 수 있는 외국어 능력을 길러
국제 교류에 이바지하고 우리 문화를 세계에 알릴 수
있는 역량을 키운다. 외국어를 통해 외국의 기술과
문화를 도입하여 우리의 정치, 경제, 사회,
문화 전반을 발전시킬 수 있는
인재를 양성한다.

진출 직업

통역사, 번역사, 외교관, 공무원,
교사, 외교관, 기자, 방송인, 무역인,
관광 안내원, 사업가, 출판인,
작가 등

관련 학과

영어영문과,
국어국문과, 중어중문학과,
일어일문학과, 러시아어문학과,
독어독문학과, 불어불문학과,
스페인어과, 베트남어과, 아랍어과,
인도네시아어과, 영어 통번역학과,
중국어 통번역학과, 일본어
통번역학과 등

자격 및 면허

국제회의통역사
(동시통역사),
사법통역사, 수화통역사,
의료통역사 등

진출 분야

★정부 및 공공 기관★
교육부, 외교부, 국립 국어원,
한국 교육 개발원, 한국 관광 공사,
(지역별) 관광 개발 공사, 장애인 협회 등

★기업체★
일반 기업체 및 어학원

★연구소★
한국 통번역 센터(KTIC), 국제 통역 · 번역
협회(ITT), 한국 관광 통역 안내사 협회,
국제회의 통역사 협회(AIIC) 등

적성 및 흥미

평소 외국의 언어, 문화,
역사에 관심이 많으면 좋다. 외국어를
능숙하게 구사해야 하고 우리말 표현력도
뛰어나야 하므로 언어 감각이 있어야 한다. 복잡하고
다양한 말을 간결하고 정확하게 표현하는 순발력과
언어적 논리력도 있으면 더욱 좋다.
풍부한 상식과 외국 문화에 대한 깊이 있게 이해가 필요
하다. 외국 문화와 관련 서적을 많이 탐독하고 외국어
공부에 꾸준히 매진해야 하며, 언어학적 측면에서
우리말 공부에도 흥미가 있어야 한다. 다양한
문화에 대한 관심과 개방적 태도 및
인문학적 소양을 갖추어야 한다.

★동아리 활동★

영어 회화반, 영어 신문 동아리와 같은 각종 외국어 동아리에서 활동할 것을 추천한다.

★봉사 활동★

저소득층 아동을 위한 영어 봉사 활동이나 의사소통이 곤란한 사람을 돕는 봉사 활동 등을 꾸준하게 해 볼 것을 권장한다.

★독서 활동★

외국 문화에 관한 책, 상식을 넓혀 주는 책, 판단력을 길러 주는 책을 많이 읽도록 한다.

★교과 공부★

외국어를 깊이 있게 공부하고, 통역의 기초가 되는 국어의 말하기와 쓰기 등을 공부한다.

★교외 활동★

해외 아동 결연 · 후원 사업을 하는 '굿 네이버스' 같은 봉사 단체에서 편지 번역 활동을 하고, 국제 행사에 가이드나 통역 보조로 참여하면 더욱 좋다.

※ 국제적 감각을 갖추기 위해서는 영어 말하기 대회 참가, 프로젝트 수업 참여, 소논문과 영어 에세이 작성 경험 등이 큰 도움이 된다.

18 판사

관련 학과
로스쿨
152쪽

1. 판사의 세계

　두 명의 여인이 한 아기를 두고 서로 자신의 아기라고 주장하며, 한 치도 물러서지 않는다. 솔로몬 왕은 이 여인들에게 아기를 둘로 나누어 반씩 가지라고 명령한다. 그러자 그중 한 여인이 울부짖으며 아기를 나눌 수 없다며 포기하고, 솔로몬 왕은 아기의 친엄마를 바로 밝혀낸다. 아기를 포기한 여인이 친엄마였던 것이다. 너무나 유명한 '솔로몬의 재판(the judgment of Solomon)'에 관한 이야기다. '솔로몬의 재판'은 그 뒤로 '현명한 생각이나 판단'을 일컫는 말로 사용되고 있다.

　판사는 법정에서 검사와 변호사의 대립하는 주장을 듣고, 법과 양심에 따라 판결한다. 형사 재판을 예로 들면, 검사는 법의 한도 내에서 피고인의 죄에 합당한 형벌을 주장하고, 변호사는 법에 근거하여 피고인의 억울함을 호소한다. 판사는 재판 과정 내내 옳

법조인으로서의 양심을 의미함

고 그름을 따지고 고민하며, 법적 절차에 따라 죄의 경중을 파악하고 공정한 판결을 하기 위해 최선을 다한다. 판사가 내린 판결은 절대적 효력을 발휘하며, 판사는 직무 수행을 위해 내린 판결을 이유로 문책받지 않는다.

판사는 검사, 변호사와 함께 법조삼륜(法曹三輪)을 이루며, 이 중에서도 권위가 가장 높은 직업이다. 우리나라 헌법은 법관의 구성과 임명 절차를 명시하였다. 법관은 대법원장, 대법관, 그 외의 법관으로 구성된다. 대법원장과 대법관은 국회의 동의를 얻어 대통령이 임명하고, 대법원장과 대법관을 제외한 법관은 대법원장이 대법관 회의의 동의를 얻어 임명한다. 대법원장과 대법관을 제외한 법관이 판사이며, 법관 구성원의 절대다수를 차지한다.

> 판사, 검사, 변호사 3자가 법조라는 수레를 떠받치고 이를 운용해 간다는 의미를 지님

판사는 헌법과 법률에 의하여 양심에 따라 심판할 권한이 있다(헌법 103조). 판사는 법의 테두리 안에서 인간이 할 수 있는 가장 현명한 판단을 내려야 한다. 따라서 그 어느 직업보다 명예로운 직업이지만, 높은 윤리 의식과 청렴함, 절대적인 공정성과 정확한 판단력, 끊임없이 고뇌하고 파고들어 완벽을 추구하는 정교함, 지혜로움 등 높은 수준의 덕목이 요구된다.

그것이 알고 싶다 헌법 재판소 재판관은 무슨 일을 하는가?

국가 최고의 규범인 헌법과 관련된 사항은 일반 법원에서 다루지 않고, 독립 기관인 헌법 재판소에서 맡는다. 헌법 재판소는 법률이 헌법을 위반하는지를 가리는 위헌 법률 심판, 일반적 징계로 처벌할 수 없는 고위 공무원이나 특수한 위치에 있는 공무원에 대한 탄핵 심판, 특정 정당의 목적이나 활동이 헌법이 정하는 질서를 위배할 경우 그 정당의 해산 여부를 가리는 위헌 정당 해산 심판, 국가

△ 헌법 재판소의 활동

기관이나 지방 자치 단체 간 권한 쟁의 심판, 국가 권력이나 헌법이 국민에게 보장한 기본권을 침해할 경우 그 행위가 헌법을 위반하는지를 가리는 헌법 소원 심판 등을 담당한다.

헌법 재판소는 9인의 재판관으로 구성된다. 재판관은 대통령과 국회, 대법원장이 각각 3명씩 선출하고 대통령이 임명하며, 헌법재판소장은 대통령이 국회의 동의를 얻어 재판관 중에서 임명한다.

헌법 재판소 재판관의 임기는 6년이며 연임할 수 있다. 정년은 만 70세이다. 헌법 재판소 재판관은 정당에 가입하거나 정치에 관여할 수 없다. 또한, 탄핵이나 금고 이상의 형을 선고받지 않으면 파면되지 않는다.

2. 판사가 하는 일

판사는 법률을 근거로 재판을 진행하고 판결을 내린다. 대법원장으로부터 임명받으며, 대법원, 고등 법원, 지방 법원, 가정 법원, 행정 법원 등에서 근무한다. 재판은 개인 간의 다툼이나 갈등을 해결하는 민사 재판, 범죄자에게 벌을 주기 위한 형사 재판, 행정 기관이 국민의 권리를 침해했는지를 가려내는 행정 재판 등이 있다.

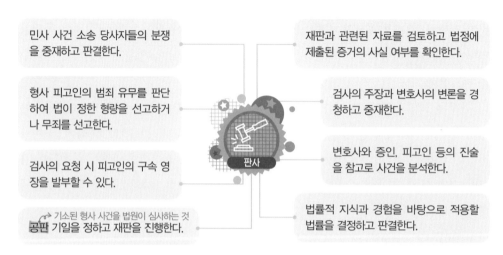

민사 사건 소송 당사자들의 분쟁을 중재하고 판결한다.

형사 피고인의 범죄 유무를 판단하여 법이 정한 형량을 선고하거나 무죄를 선고한다.

검사의 요청 시 피고인의 구속 영장을 발부할 수 있다.

공판 기소된 형사 사건을 법원이 심사하는 것 기일을 정하고 재판을 진행한다.

판사

재판과 관련된 자료를 검토하고 법정에 제출된 증거의 사실 여부를 확인한다.

검사의 주장과 변호사의 변론을 경청하고 중재한다.

변호사와 증인, 피고인 등의 진술을 참고로 사건을 분석한다.

법률적 지식과 경험을 바탕으로 적용할 법률을 결정하고 판결한다.

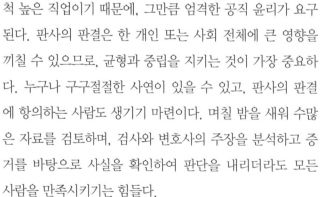

판사는 사법권을 행사하여 법을 집행하고 판결을 내리기 때문에, 흔히 성직에 비유되곤 한다. 판사는 업무의 전문성과 권위를 인정받고 사회적 지위도 무척 높은 직업이기 때문에, 그만큼 엄격한 공직 윤리가 요구된다. 판사의 판결은 한 개인 또는 사회 전체에 큰 영향을 끼칠 수 있으므로, 균형과 중립을 지키는 것이 가장 중요하다. 누구나 구구절절한 사연이 있을 수 있고, 판사의 판결에 항의하는 사람도 생기기 마련이다. 며칠 밤을 새워 수많은 자료를 검토하며, 검사와 변호사의 주장을 분석하고 증거를 바탕으로 사실을 확인하여 판단을 내리더라도 모든 사람을 만족시키기는 힘들다.

법을 집행하는 목적은 사회 정의를 실현하는 데 있다. 따라서 어떤 비판을 받더라도 사회 정의 실현을 위해 공정한 판결을 내리려면 강한 사명감과 책임감으로 무장해야 한다. 판사는 국민들이 공정하고 행복한 삶을 영위하는 데 큰 역할을 하기 때문이다.

🤖그것이알고싶다 배석 판사와 단독 판사는 무슨 일을 할까?

↗ 합의 사건을 진행하는 재판부

판사로 임용되면 지방 법원의 <u>합의부</u> 배석 판사로 시작해 단독 판사, 부장 판사를 거친다. 배석 판사란 재판장 이외의 판사를 말하는데, 소송을 지휘할 권한은 없지만 소송 당사자를 비롯하여 관계자에게 질문할 수 있다. 합의 재판부는 판사 경력 15년 이상의 재판장과 우 배석 판사, 좌 배석 판사로 구성된다. 재판부는 재판장 1인, 배석 판사 2인이 각각 1표씩 행사하여 다수결로 의견을 '합의'할 수 있다. '합의'란 사건의 결론을 내기 위해 재판부 구성원의 의견을 취합하는 것을 말한다.

단독 판사의 경우 1명의 판사가 혼자 재판권을 행사한다. 단독 판사는 1심 법원에서 합의제 재판이 필요하지 않은 비교적 가벼운 사건을 재판한다.

○ 합의 재판부

3. 판사에게 필요한 능력

판사는 사람들 사이의 분쟁을 다루는 직업이다. 주어진 상황을 논리적으로 분석하고 공정한 결론을 도출해야 하므로, 법에 대한 전문적 지식과 어느 한쪽으로도 치우치지 않는 중립적 자세가 필요하다. 개인적 감정을 자제하고 법률에 따라 재판을 집행해야 하며, 검사와 변호사의 논쟁을 경청하고 때로는 중재할 수 있는 균형 감각을 지녀야 한다.

치밀한 분석을 바탕으로 합리적 판결을 하려면 법 해석 능력을 갖추어야 한다. 또한, 평소 법률 지식 외에도 철학, 사회학 등 인간의 이해와 통찰에 필요한 다양한 분야의 책을 가까이하여 자기 생각을 논리정연하게 표현할 수 있는 설득력과 의사소통 능력을 길러야 한다.

판사는 양심에 따라 독립적으로 법률을 해석하고 판단해야 하므로, 높은 수준의 공직 윤리와 외부의 압력에 흔들리지 않는 확고한 주관을 지녀야 한다. 사람들 사이에 일어나는 분쟁은 법률과 정확하게 맞아떨어지지 않을 때가 많다. 따라서 '인간애'를 바탕으로 사회 정의를 실현하기 위한 사명감과 소명 의식으로 무장해야 한다.

4. 판사와 관련된 학과 및 자격증

- **관련 학과:** 법학 전문 대학원(로스쿨), 법학과, 공법학과, 사법학과
- **관련 직업:** 판사, 검사, 변호사, 경찰관, 법무사, 변리사, 노무사, 검찰 수사관, 법률 사무원 등
- **관련 자격:** 변호사

5. 판사의 직업 전망

사회가 발전할수록 법적 분쟁도 늘어나므로, 전문 지식을 갖춘 판사의 수요는 앞으로 다소 증가할 것으로 보인다. 오늘날 세계화와 정보화의 급속한 확산으로 컴퓨터와 관련된 범죄, 금융 사기 등 새로운 유형의 범죄가 출현하고, 그 내용과 범위도 한층 복잡·다양해지고 있다. 또한, 민사·형사 소송과 행정 소송 등의 증가에 따라 판사의 정원도 늘어나는 추세이다. 한편, 과학 기술의 발전에 따른 사무 자동화의 진전은 향후 판사의 고용 전망에도 영향을 미칠 것으로 보인다.

판사는 임용 후 신분이 보장되고, 업무의 자율성과 권한이 크며, 사회에 대한 기여도와 소명 의식도 매우 높아서 많은 사람이 선망하는 직업이다. 국가는 법률 적용과 관련하여, 범죄와 형벌에 관한 내용은 법률로 규정해야 한다는 '죄형 법정주의' 원칙을 채택하고 있다. 이 때문에 사회적으로 비난받을 행위라 할지라도 범행 당시 법률에 범죄로 규정되지 않으면 처벌할 수 없다. 따라서 앞으로 전개될 급격한 사회 변화에 대비하여 다양한 분야의 사례 및 범죄 양상을 연구하고 이를 법제화할 필요가 있다.

판사

판사가 되기 위해서는 법학 전문 대학원(로스쿨)을 졸업하고 변호사 시험에 합격한 후 필요한 경력을 쌓아야 한다. 이전에는 사법 시험을 시행하여 법관 후보자를 선발하였는데, 사법 시험이 헌법, 민법, 형법 등 법률 과목을 중심으로 출제되었으므로, 법학 관련 학과 전공자에게 유리하였다. 하지만 지금은 4년제 대학 이상의 학력을 소지한 사람이면 법학 적성 시험(LEET: legal education eligibility test)을 거쳐 법학 전문 대학원에 응시할 수 있다.

법학 전문 대학원에 입학하려면 학사 이상의 학력을 갖추어야 하고, 법학 적성 시험(LEET), 학부 성적(GPA: grade point average), 외국어 시험, 사회봉사 활동 및 면접 등 다양한 평가를 통과해야 한다. 법학 전문 대학원에 입학 후에는 3년(6학기) 동안 교육과 실습을 받고 변호사 시험에 합격하여 변호사 자격을 취득해야 한다. 이후 판사 임용 자격을 얻는 데 필요한 법조 경력을 채워야 한다.

판사 임용에 필요한 법조 경력은 2021년까지는 5년, 2025년까지는 7년, 2026년부터는 10년으로 규정되어 있다. 법조 경력을 갖춘 뒤 법관 임용 심사 위원회의 심의와 대법관 회의 동의를 얻어 판사가 될 수 있다. 판사가 된 후에는 경력을 쌓아 지방 법원과 고등 법원의 부장 판사나 법원장이 될 수 있다.

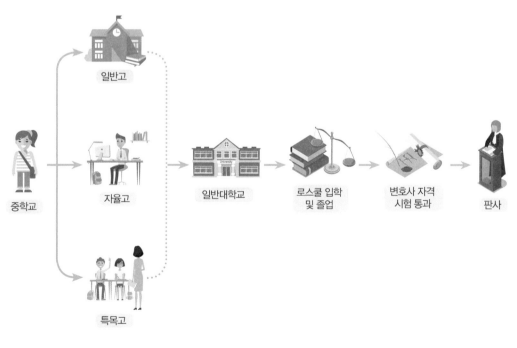

🔷 판사의 커리어 패스

대학교
관련 학과

로스쿨

학과 소개

공정하고 정의로운 사회 구현을
위해 법과 질서를 수호할 판사, 검사,
변호사를 양성한다.
사회 환경의 변화로 다양한 분야의 경험과 지식을
갖춘 법조인이 필요해짐에 따라 지필 평가를 위주로
하던 사법 시험을 폐지하고, 새로운 문제를 법적으로
처리할 능력을 갖춘 법률가를 양성하기 위하여 법학
전문 대학원(로스쿨)을 도입하였다.
법학도뿐만 아니라 모든 학과와 학부생에게 길이
열려 있는 만큼 원만하고 지혜로우며, 인본
사상에 입각한 전문 인력 배출을
목표로 한다.

진출 직업

변호사, 검사, 판사, 법무사,
변리사, 노무사, 법률 사무원,
교수, 고급 공무원 등

관련 학과

법률학과, 법률행정학과,
사법학과, 공법학과,
국제법무학과, 과학기술법학과,
경찰법학과, 지적재산학과,
특허법률학과 등

자격 및 면허

변호사, 법무사,
변리사, 노무사 등

진출 분야

★정부 및 공공 기관★
법원, 검찰, 법무 행정직, 검찰 사무직,
재판 연구원 등
★기업체★
법무 법인(로펌), 기업체 법무팀, 사내 변호사,
법률 사무소, 법무사 사무소 등
★연구소 및 협회★
사법 정책 연구소, 법학 연구원 등

적성 및 흥미

법조인은 따뜻한 가슴과 차가운
머리의 소유자여야 한다. 즉, 정확하고
논리적이며 공정하게 사리 판단을 하면서도,
인류애에 바탕을 둔 따뜻한 마음을 지녀야 한다.
법조인은 양심에 따라 법을 수호하고 집행해야 하므로,
정의로운 마음가짐과 개인보다 국가와 사회를 위해
봉사하려는 정신을 갖추어야 한다.
뛰어난 법률 지식은 물론, 사회적 분쟁에 대한
통찰력도 갖추어야 하므로 사회, 철학, 정치,
윤리 등 여러 분야에 관심을 기울이며
소양을 길러야 한다.

★동아리 활동★

논리력과 사회 문제에 대한 안목을
기르기 위해 시사 토론반 및 연구반,
신문 제작반 등에서 활동해 볼 것을
추천한다.

★봉사 활동★

보육원, 양로원, 장애인 복지 센터 등
에서 사회적 약자를 위한 봉사 활동
을 꾸준히 할 것을 권장한다.

★독서 활동★

인문 및 사회 분야의 책을 통해 인문
학적 소양과 사회 현상에 대한 통찰
력을 기른다.

★교과 공부★

언어적 논리와 논술 능력을 위한 국
어 교과와 사회 현상을 이해하기 위
한 사회 교과, 공인 외국어 점수 취득
을 위한 외국어 공부에 매진한다.

★교외 활동★

폭넓은 교외 활동을 통하여 세상을
보는 안목을 넓히고, 청소년 모의재
판 홈페이지나 대법원 홈페이지 등을
통해 다양한 참여 활동을 경험하는
것이 유리하다.

※ 교내 모의재판이나 토론 대회에 참여하여 수상하
거나, 학교 및 지역 사회 이해의 기반이 되는 신
문 제작 및 기사를 작성한 경험은 소중한 경력이
될 것이다.

1. 펀드 매니저의 세계

　　1억 원가량의 여윳돈이 있다고 생각해 보자. 어떻게 이 돈으로 높은 수익을 올릴 수 있을까? 은행 이자율이 높던 시절에는 은행에 돈을 저축하고, 매달 이자를 받아 수익을 올릴 수 있었다. 그러나 요즘에는 은행 이자율이 매우 낮은 데다 물가 상승률까지 계산해 보면 은행 이자로 돈 벌기가 어려워졌다.

　　은행에 돈을 맡기는 대신 기업의 주식에 직접 투자하여 수익을 올릴 수도 있다. 그런데 개인이 특정 기업의 주식에 직접 투자할 경우, 그 금액이 많지 않아서 투자에 한계가 있고, 무엇보다 기업의 상태를 정확하게 알지 못하여 돈을 잃을 위험도 크다. 이 때문에 투자자는 주가 하락이나 경제 상황 변화 등 갑자기 발생할 수 있는 여러 위험 요소를 걱정하게 될 것이다. 투자자는 이러한 위험과 걱정을 해소하기 위해서 전문가인 펀드 매니저에게 자기 돈을 투자할 권리를 위임하기도 하는데, 이를 간접 투자라고 한다. 투자할 권리를 위임받은 펀드 매니저는 위험 요소를 줄이고 안정적인 투자 수익을 올리기 위하여 대개 분산 투자를 한다. 이것은 채권, 주식, 원자재, 부동산 등 여러 곳에 나누어 투자함으로써, 어느 한쪽에서 손실이 나더라도 다른 곳에서 만회하려는 투자 방식이다.

펀드 매니저는 은행, 증권사, 투자 신탁 회사, 보험사, 투자 자문사 등 금융 기관에서 자금을 운용하는 전문 투자자이다. 펀드 매니저는 기관 투자가나 개인 투자가가 맡긴 돈을 가장 효율적으로 투자한다. 투자 전략에 대한 정보를 고객에게 제공하고 최대한의 수익을 올릴 수 있도록 투자 계획을 세워 운용하여 이익을 얻고, 그 이익을 고객에게 되돌려주는 일을 한다.

 펀드와 채권의 차이

펀드는 불특정 다수인으로부터 모금한 실적 배당형 성격의 투자 기금이다. 즉, 주식이나 채권, 파생 상품 등 유가 증권에 투자하기 위해 모아놓은 투자 자금을 의미한다.

채권은 정부, 공공 단체, 주식회사 등에서 일반인으로부터 한꺼번에 자금을 조달하기 위하여 발행하는 차용 증서이며, 그에 따른 채권을 표시한 유가 증권을 의미한다.

2. 펀드 매니저가 하는 일

사람들은 대부분 자기 자산을 효율적으로 운용하여 수익을 내는 데 관심이 많다. 주식이나 채권에 자기 돈을 직접 투자하기도 하고, 자산 운용 회사에서 관리하는 펀드에 가입하는 등의 간접 투자 방식을 선택하기도 한다. 그런데 직접 투자할 경우 개인이 투자에 관한 전문 지식이 없으면 손실을 볼 위험이 매우 크다. 이 때문에 투자자는 직접 투자의 위험을 피하고자 전문가에게 투자를 위탁하는데, 이런 일을 맡아서 운용하는 전문가가 펀드 매니저이다.

고객이 맡긴 돈을 주식이나 채권 등에 투자, 운용하여 수익을 내고, 그 이익을 고객에게 돌려준다.

간접 투자 상품을 개발하여 투자자에게 판매하고, 투자 신탁의 재산을 운용하거나 기관 투자가의 펀드를 관리, 운용한다.

증권 시장이 개장되면 주가 및 금리 변동 상황을 지켜보며 거래를 시작하고, 장이 끝날 때까지 여러 상황을 살피면서 증권을 매매한다.

각종 보고서를 검토하고 투자 설명회에 참석한다. 이 밖에도 기업 탐방 등 꾸준히 시장의 흐름을 파악하기 위해 노력한다.

펀드 매니저

애널리스트의 기업 분석 보고서 및 다른 펀드 매니저의 주식 거래 내용 등을 분석한다.

각종 투자 설명회를 열어 투자 전망이나 자산 운용 계획 등을 소개하며, 자신의 펀드에 가입하도록 권유한다.

전문 지식과 노하우를 바탕으로 투자 신탁, 연금 등의 기관 투자가나 개인 투자가가 최대의 수익을 올릴 수 있도록 투자 전략에 관한 정보를 제공하고, 가장 효율적인 투자 계획을 세워 운용한다.

투자 자산의 손실 위험을 줄이기 위해 주식, 채권, 파생 상품, 현금 등으로 구분하여 운용하는 등 위험 관리를 담당한다.

펀드 매니저는 주식 시장이 열리는 아침부터 장이 끝나는 시간까지 일한다. 업무에 집중하지 않으면 잠깐 사이에도 큰 손실이 날 수 있기 때문에, 장이 열리는 시간 내내 긴장감을 놓지 않아야 한다. 펀드 매니저는 수익률을 높이기 위해 치열하게 경쟁하며, 각각의 펀드 운용 실적이 공개되기 때문에 스트레스를 크게 받는 대신, 보수도 많이 받는다. 펀드 운용 성과에 따른 인센티브 제도가 있어서, 높은 수익률을 내면 그만큼 대우를 받는 장점이 있다.

3. 펀드 매니저에게 필요한 능력

펀드 매니저는 숫자를 다루기 때문에 매사에 일 처리가 정확하고 꼼꼼해야 한다. 한 번의 실수로 고객에게 손해를 끼칠 수 있기 때문이다. 또, 환율이나 물가, 경제 변화와 시장의 흐름 등 여러 가지 변수를 분석해야 하므로, 탁월한 수리력과 분석력을 갖추어야 한다.

펀드 매니저는 자기의 결정에 따라 고객 자산에 이익을 주거나 손해를 끼칠 수 있으므로, 스트레스를 크게 받는 직업이다. 따라서 펀드 매니저에게는 손실에 대한 두려움과

스트레스를 감내할 수 있는 자기 통제 능력이 필요하다.

　이 밖에 인문학을 포함하여 다양하고 폭넓은 분야의 독서를 통해 다양한 관점으로 현상과 사물을 볼 수 있는 능력을 키우고, 경제·경영·금융 등의 이론적 기초를 탄탄히 다져야 한다. 경제·금융 뉴스, 증권 시황, 전문가 분석 등에 관한 정보를 꾸준히 찾아보고, 경제 일간지를 보는 습관을 길러야 한다. 대학에 입학한 후에는 좀 더 전문적인 투자 경험을 쌓기 위해, 소액이라도 실전 투자를 해 보거나 증권 회사에서 대학생을 대상으로 개최하는 모의 투자 대회 등에 참여하는 것도 좋다.

4. 펀드 매니저와 관련된 학과 및 자격증

- **관련 학과:** 경영학과, 경제학과, 금융보험과, 금융보험학과, 산업공학과, 세무학과, 수학과, 통계학과, 회계학과, 국제경영학과, 국제경제학과, 금융공학과, 재무금융학과 등
- **관련 자격:** 자산관리사, 투자자산운용사, 금융투자분석사, 펀드투자상담사, 파생상품투자상담사, 증권투자상담사 등

5. 펀드 매니저의 직업 전망

과거에는 젊은 시절부터 차근차근 저축하여 돈을 모으면, 은퇴한 후에도 퇴직금과 저축만으로 충분히 살 수 있다고 여겼다. 하지만 갈수록 고용 상황이 불안정해지는 데 반해 기대 수명은 점점 높아지게 되면서, 금융 자산 관리의 중요성이 더욱 커지고 있다. 이처럼 자산 관리에 대한 관심이 커지고, 주식, 채권, 펀드, 부동산 등을 대상으로 다양한 투자 방식이 일반화되면서 펀드 매니저의 역할이 확대되고 있다.

개인이 직접 주식이나 채권에 투자하는 경우도 있지만, 안전한 투자와 수익률 보장을 위해 펀드 매니저와 같은 전문 자산 운용 인력을 활용하여 간접 투자하는 방식도 증가하고 있다. 투자 대상도 주식, 채권에서부터 부동산, 사회 간접 자본, 선박, 금 등으로 다양해지고 있어서 이를 전문적으로 운용할 펀드 매니저 인력은 앞으로 더욱 많이 필요할 것으로 보인다.

그러나 금융 자산 운용 경쟁이 치열해지면서 경력자를 중심으로 한 이직과 전직은 더욱 심해질 것으로 예상된다. 또한, 채용이 경력직 위주로 이루어지므로, 신규 인력의 진입은 계속 어려울 것으로 보인다. 이를 극복하기 위해서는 관련 분야의 경험을 쌓고, 꾸준한 자기 계발을 통해 능력을 기르는 것이 필요하다.

펀드 매니저

펀드 매니저가 되기 위해서는 일반적으로 4년제 대학의 경영학, 경제학, 통계학, 금융학, 금융회계학, 세무학 등을 전공하는 것이 유리하다. 경영, 경제, 회계 분야의 석사 학위 이상을 요구하는 곳도 있다. 최근에는 이공계 출신도 많이 진출하고 있다.

펀드 매니저와 관련된 국가 자격증은 없으나, 한국 금융 연수원에서 발급하는 자산관리사 자격증, 민간에서 발급하는 투자자산운용사, 금융투자분석사 등의 자격증을 취득할 수 있다. 펀드 매니저가 되기 위해서는 자격증 취득보다 실제로 수익을 올리며 자산을 운용하는 역량을 가지는 것이 더 중요하다. 투자 운용 인력의 윤리, 직업관 및 금융 투자 관련 법규에 대한 지식을 갖추어야 하고, 각종 투자 기법, 손실 관리 방법, 주식을 비롯한 투자 대상을 분석하는 방법 등도 알아야 한다. 모의 투자 대회와 같은 금융 관련 공모전에 응시하여 입상하면 취업에 유리하다.

펀드 매니저로 취업하려면 좁은 문을 통과해야 하고, 신입의 경우는 더욱 힘들다. 따라서 자산 운용 회사, 종합 금융사 등에 입사하여 일정 기간 이상의 업무 경력을 쌓는 것이 필요하다. 또는 증권사에 입사한 뒤 주식 투자의 노하우를 쌓고 은행, 보험사, 공무원 연금 공단, 국민연금 공단 등의 자금부나 신탁부에서 자금 운용 업무를 담당할 수도 있다. 재정적 여건이 되고 본인의 투자 실적에 대한 인지도가 높아지면 창업하는 것도 가능하다.

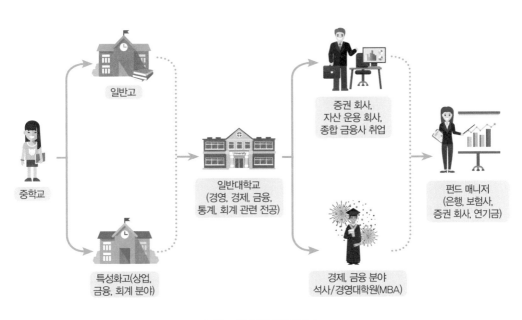

일반고

증권 회사,
자산 운용 회사,
종합 금융사 취업

중학교

일반대학교
(경영, 경제, 금융,
통계, 회계 관련 전공)

펀드 매니저
(은행, 보험사,
증권 회사, 연기금)

특성화고(상업,
금융, 회계 분야)

경제, 금융 분야
석사/경영대학원(MBA)

🔵 펀드 매니저의 커리어 패스

재무금융학과

학과 소개

재무금융학은 개인과 기업의
재무 관리와 투자, 금융 시장과 금융
기관의 활동 등을 연구하는 학문이다.
재무금융학과는 현대 자본주의 경제에서 한층
중요시되고 있는 재무와 금융 분야에서 전문
지식과 실무 능력을 겸비한 전문가를 양성하는
것을 목표로 한다. 이를 위하여 금융 관리,
재무 관리, 자산 운용 및 투자, 업무
기획 등 다양한 교육 과정을
운용한다.

적성 및 흥미

수리 논리력과 더불어
고객과 원활하게 상담할 수 있는
언어 능력이 필요하다. 재무 · 금융 문제를
객관적 시각으로 보고, 문제를 분석하여 해결
방안을 제시해야 하므로, 금융 시장을 이해하고
실증적으로 분석할 수 있는 능력을 갖추어야 한다.
재무, 금융, 회계 분야 과목은 물론 인접 사회 과학
및 역사에 대한 소양을 갖추고, 분석 도구로서
수학 및 통계학 그리고 컴퓨터에 대한
이해의 폭을 넓히는 것이
중요하다.

진출 직업

재무 분석가, 투자 분석가,
신용 분석가, 금융 자산 운용가,
펀드 매니저, 보험 계리인, 손해 사정사,
증권 중개인, 외환 딜러, 선물 거래 중개인,
부동산 투자 신탁 운용가, 리스크 매니저,
투자 인수 심사원 재무 담당자, 증권 투자
상담사, 보험 중개인, 금융 사무원,
보험 사무원, 경리 사무원,
신용 추심원 등

중·고등학교
학교생활 포트폴리오

자격 및 면허

공인노무사,
세무사, 투자상담사,
감정평가사, 금융자산관리사,
선물거래중개사, 재무설계사(FP),
재무 분석사(FA), 파생상품투자상담사,
집합투자상담사, 국제FRM, 공인중개사,
펀드투자상담사, 증권투자
상담사, 자산관리사, 공인
회계사(CPA) 등

진출 분야

★정부 및 공공 기관★
중앙 정부와 지방 자치 단체(재경직, 세무직,
관세직, 감사직 공무원), 정부 산하 국책 은행 및
연구원(한국은행, 예금 보험 공사, 한국 조세 연구원 등)
★기업체★
은행, 증권 회사, 선물 회사, 자산 운용사, 투자 자문사, 금융
지주 회사, 종합 금융사, 투자 신탁 회사, 보험 회사, 회계 법인,
세무 법인, 외국계 회사, 기업의 경제 연구소 등
★국제기구★
국제 통화 기금(IMF), 세계은행(IBRD), 세계 무역
기구(WTO), 경제 개발 협력 기구(OECD),
아시아 개발 은행(ADB), 국제 금융
공사(IFC) 등

관련 학과

경영학과,
경제학과, 국제경영학과,
통상학과, 경제금융학과, 경제
통계학과, 금융학과, 금융공학과,
금융보험학과, 세무학과,
통계학과, 회계학과 등

★동아리 활동★

경제 관련 동아리 활동을 통해 경제 및 금융에 관한 기본 지식과 소양을 키운다.

★봉사 활동★

보육원, 양로원 등 소외 계층을 대상으로 한 지속적인 봉사 활동을 권장한다.

★독서 활동★

경제, 금융, 정보 통신 기술(IC) 등 분야의 독서 활동을 통해 상업·경제에 관한 기초 지식을 습득한다.

★교과 공부★

사회, 수학, 정보 교과 수업 활동에서 경제, 경영, 통계 및 회계 등 수리적 분야의 기본 역량을 발휘할 수 있도록 한다.

★교외 활동★

금융 기관 및 보험사, 증권 회사 등에서 주관하는 경제 관련 체험 프로그램 등에 적극적으로 참여한다.

※ 수학, 사회, 정보 교과나 경제 및 금융 관련 경진 대회의 수상 실적도 도움이 된다.

20 항공기 조종사

관련 학과
항공운항학과
168쪽

1. 항공기 조종사의 세계

태초부터 인류는 새처럼 자유롭게 하늘을 나는 꿈을 꾸어 왔다. 1903년 미국의 라이트 형제가 동력 비행기를 이용하여 하늘을 나는 데 처음 성공하였고, 이에 자극받은 프랑스, 영국, 러시아 등의 강대국들이 본격적으로 비행기 개발에 뛰어들었다. 과학자를 포함한 여러 선구자의 끊임없는 도전과 연구의 결과, 비행기 성능이 크게 개선되었고, 비행기를 빠르고 안전하게 운항하는 조종사도 등장하였다. 조종사의 등장으로 많은 사람이 자유롭게 하늘을 날고, 먼 나라까지도 편안하게 여행하게 되었다.

항공기 조종사의 매력은 인간의 한계를 뛰어넘어 하늘을 나는 것이다. 비행기를 조종하면서 밤하늘의 별자리나 북극권의 오로라를 볼 수도 있고, 아름다운 자연 풍경을 감상할 수도 있다. 때로는 예측하지 못한 기상 현상을 마주하여 손에 땀을 쥐기도 하지만,

비행기 창밖으로 펼쳐진 멋진 풍경을 감상하며
설렘 가득한 승객을 목적지까지 안전하게 인
도하는 권한을 가진 항공기 조종사는 분명
매력적인 직업이다.

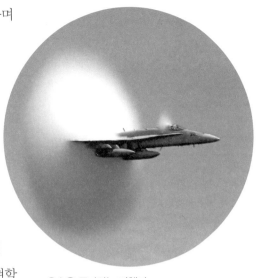

오늘날 초음속 비행기가 하늘을 날
고, 지상에서 쏘아 올린 수많은 인공위
성은 대기권 밖에서 지구를 돌고 있다.
또 자동 항법 장치를 장착하여 조종사가
직접 조종하지 않아도 자동으로 운항하는
비행기도 개발되어 실제 이용되고 있다. 머지
않아 빛에 가까운 속도를 내는 비행기까지 출현할
전망이다. 이런 놀라운 비행체를 개발한 사람은
과학자이지만, 가공할 만한 속도를 내는 이 비행

◐ 음속을 돌파하는 비행기
비행기가 음속을 돌파하는 순간 주변 온도가
급격하게 떨어져 구름 모양이 생긴다.

체들을 실제로 다루고 제어하는 사람은 바로 조종사다. 앞으로 4차 혁명과 더불어 전개
될 새로운 시대에는 조종사도 첨단 과학자에 버금가는 지식과 응용 능력을 갖추어야 할
것이다.

그것이 알고 싶다 무인 시대의 선구자, 자동 항법 장치는 어떤 기능을 할까?

자동 항법 장치는 조종사가 항공기를 직
접 조종하지 않아도, 미리 입력해 둔 데이터
에 따라 착륙하기 전까지 비행 속도와 고도
를 유지하면서 운항하는 장치다. 원래는 군
사용 미사일 유도 장치로 사용되었으나, 항
공기, 선박 등으로 사용 범위가 확대되었다.
사람이 운전하지 않아도 운전자의 의도대로

◐ 비행기 자동 항법 장치

목적지까지 도착할 수 있는 무인 자동차의 핵심 기술로도 주목받고 있다.

2. 항공기 조종사가 하는 일

항공기 조종사는 사람을 태우거나 물건을 실어 나르기 위해 항공기를 조종하고 운항
한다. 소형 항공기를 제외한 항공기에는 대부분 기장과 부기장, 두 명의 조종사가 탑승
한다.

기장은 비행기 운항의 최고 책임자로 승무원을 지휘하며, 출발하기 전에 운항 경로, 목적지, 비행시간, 기상 등 비행에 관련된 내용을 승무원에게 설명한다.

부기장은 기장을 도와 비행기를 조종하며, 상황에 따라 기장을 대신해 비행기의 운항을 책임진다.

비행 계획서, 기상, 출발지, 운항 경로, 목적지 등을 검토하고, 필요한 제반 절차와 서류, 기상, 연료량, 항로 등을 재확인한다.

항공기 엔진과 조종 장치, 연료량 등을 철저히 점검하여 안전 사항을 준수한다.

이륙하기 전에 기상 및 항로 등을 확인하여 빈틈없는 비행 계획을 세운다.

목적지, 항로, 항공사 등을 관제탑에 보고하고 이륙 허가를 받는다.

승객이나 화물을 목적지까지 안전하게 운반한다.

목적지에 도착하면 관제탑의 유도를 받아 착륙하고, 운항 일지를 기록한다.

신형 항공기가 들어오면 항공기에 승객을 태우기 전에 시험 비행을 하고, 성능을 평가한다.

항공기 조종사

항공기 조종사는 푸른 하늘을 날아다니며 세계 여러 곳을 여행할 수 있고, 높은 연봉과 좋은 대우를 보장받는 전문직이지만, 비행하는 동안은 한시도 긴장을 늦출 수 없다. 승객의 안전을 지켜야 한다는 책임감과 긴장감으로 스트레스를 크게 받으며, 기상 상태의 변화로 항공기 운항에 어려움을 겪기도 하다. 첨단 장비와 기계의 발달에 맞춰 새로운 기술을 연마해야 하고, 원활한 의사소통에 필요한 외국어도 공부해야 하는 등 끊임없이 자기 계발에 힘써야 한다.

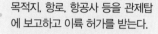 **기장과 부기장의 역할을 알아볼까?**

항공기 조종실 왼쪽은 기장(PIC, pilot in command), 오른쪽은 부기장(co-pilot) 자리이다. 기장은 제복 어깨에 4줄의 견장을, 부기장은 3줄의 견장을 단다. 기장은 항공기 운항 전반을 책임진다. 관제탑과 교신하거나 항공기 출입구의 개폐 결정도 기장의 권한이다. 부기장은 비행에 필요한 서류를 준비하고, 기상과 운항 관련 자료, 각종 계기 수치를 확인하고 보고한다.

조종실의 전자시계는 그리니치 표준시(GMT)에 맞춰져 있다. 세계 모든 관제소와 교신하기 위해 표준시를 사용하는 것이다.

기장과 부기장은 안전한 항공기 운항을 위하여 스탠다드 콜아웃(standard callouts)라는 표준 비행 절차를 지켜야 한다. 비행 중에 조종사도 식사를 하는데, 기장과 부기장은 반드시 다른 음식을 먹어야 한다. 음식을 먹고 이상이 생기더라도, 한 사람은 탈이 없어야 비행기를 운항할 수 있기 때문이다.

3. 항공기 조종사에게 필요한 능력

항공기 조종사는 밤낮없이 비행해야 할 경우가 잦다. 때로는 20시간 이상 비행할 때도 있으므로 강한 체력과 인내심을 지녀야 한다. 1년에 3번의 정기 체력 검사를 받아야 하고, 1.0 이상의 시력을 유지해야 하므로 철저한 자기 관리 능력이 필요하다.

기상 이변 같은 갑작스러운 상황에서 승객의 안전을 지키려면 정확한 판단력과 대처 능력이 있어야 한다. 또한, 항공기에 승객과 화물을 싣고 정해진 스케줄에 따라 목적지에 도착할 때까지 모든 책임과 의무를 다해야 하므로, 강한 책임감과 리더십이 요구된다. 특히, 정해진 항로를 유지하고 안전하게 이착륙해야 하므로 뛰어난 공간 지각 능력이 필요하다.

세계 각국의 다양한 사람들과 원활하게 의사소통을 하려면 외국어 능력을 갖추어야 한다. 항공기 조종사는 기본적으로 외국에서 생활해야 하는 시간이 많고, 승객에게 안내 방송을 하거나 관제탑과 교신할 때 영어로 소통하기 때문에 영어 청취력과 구사력이 뛰어나야 한다. 평소 꾸준하게 외국어를 공부하고, 지리, 기상, 물리학 등에 관한 서적을 꾸준히 탐독할 필요가 있다.

4. 항공기 조종사와 관련된 학과 및 자격증

- **관련 학과:** 공군사관학교, 항공운항과, 항공조종학과, 항공교통학과, 항공우주학과 등
- **관련 직업:** 항공기 조종사, 항공 교통 관제사, 항공기 정비사, 항공기 승무원 등
- **관련 자격:** 사업용조종사 자격, 운송용조종사 자격, 자가용조종사 자격 등

그것이 알고싶다 항공 교통 관제사는 무슨 일을 할까?

아무리 하늘이 넓다지만, 어떻게 수십 대의 항공기가 운항하면서 서로 충돌하지 않고 안전하게 이착륙할 수 있는 걸까? 항공 교통의 안전과 질서를 지키기 위해 정해진 길로 비행기를 운항하도록 유도하면서 하늘의 교통 상황을 정리하는 사람이 바로 항공 교통 관제사이다. 항공 교통 관제사는 공항의 관  제탑에서 이착륙하는 항공기에 활주로 상황 및 기상 상황을 무선으로 알려 주고, 항공기의 이착륙 순서를 정리하여 항공기 간 충돌을 방지하며, 항로를 운항하는 항공기가 안전하게 착륙할 때까지 통신 업무를 수행한다.

5. 항공기 조종사의 직업 전망

항공기 조종사는 많은 사람이 선망하는 꿈의 직업인 동시에, 큰 책임과 노력이 요구되는 직업이다. 비행기의 발달에 발맞춰 조종사에게도 항공 운항에 필요한 기술과 지식을 새로 익히고 연마할 의무와 책임이 따른다. 힘든 업무를 감당해야 할 때도 있지만, 항공기 조종사는 국제적으로 전문성을 인정받으며 최상의 대우를 받는 직업이다.

여행자의 수가 갈수록 늘어나고 사회가 다변화하며 세계가 한층 좁아짐에 따라 조종사의 수요는 늘어날 전망이다. 현재 저가 항공사의 신규 설립과 항공 화물 운송량이 증가하고 있으며, 기존 항공사도 항공기 수를 늘리는 추세지만, 조종사로 일할 사람은 오히려 부족한 상황이다. 따라서 항공기 조종사의 취업 전망은 밝다고 할 수 있다.

그것이 알고 싶다 드론 조종사가 되는 방법을 알아볼까?

드론은 원격 조종으로 날아가는 기체를 말한다. 150kg이 넘는 것은 무인기, 그 이하는 무인 장치라 하는데, 우리가 보통 드론이라고 부르는 것은 무인 장치를 가리킨다.

드론 조종사는 지상에서 원격 조종으로 드론을 제어하는 전문가다. 드론은 크게 군사, 기업, 농업, 촬영, 레저 등 5가지 용도로 구분할 수 있다. 처음에는 군사적 목적으로 개발되었으나, 현재 영화와 방송 촬영, 무인 경비나 국경 감시, 인명 구조, 소방 방재 및 화재 진압, 비료나 농약 살포, 소형 화물 배달 등 다양한 분야에서 활용되고 있다. 드론이 다양한 분야에서 기능을 발휘함에 따라 조종사 자격시험이 치열해지고 드론 조종사의 취업도 활발해질 것으로 보인다.

12kg 이상의 드론을 조종하기 위해서는 자격증이 필요하다. 교통안전 공단에서는 무게 150kg 이하의 드론을 조종할 수 있는 '초경량비행장치 조종자 무인멀티콥터' 자격증을 발급한다. 필요한 비행 실습 시간을 채우고, 항공 법규와 항공 기상 등 항공기 운항에 대한 이론 교육을 받아야 자격시험을 볼 수 있다. 12kg 미만의 드론을 조종할 때는 자격증이 없어도 된다.

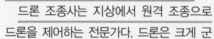
기계류의 치수나 무게 따위의 성능과 특성을 나타낸 수적(數的) 지표

국토 교통부는 최근 개정된 항공 안전법에 따라 드론의 성능, 제원, 비행 계획서, 비상 대응 매뉴얼 등을 항공 안전 기술원에서 사전에 검증받으면 야간 비행, 조종사의 시야에서 벗어난 비행 등을 허용하는 '드론 특별 승인제'를 시행하고 있다. 이는 최근의 과학 기술의 발달을 반영한 조치이다.

항공기 조종사

항공기 조종사가 되기 위해서는 공군 사관 학교나 대학의 항공운항학과를 졸업하는 것이 유리하다. 이 밖에 민간 교육 기관에서 비행 교육을 마친 후에 조종사 자격증을 따거나 외국의 항공 대학교나 비행 교육원에서 교육을 받고 국내에서 자격시험에 응시하는 방법도 있다.

항공기 조종사로 근무하는 데 필요한 자격증은 사업용 조종사 자격증과 운송용 조종사 자격증이 있다. 사업용 조종사 자격을 얻는 데는 200시간의 비행시간이 필요하고, 운송용 조종사 자격을 얻으려면 1,500시간 이상의 비행시간을 채워야 한다. 처음에는 부기장으로 근무하다가 5년 이상 경력을 쌓으면 기장으로 승진할 수 있다. 공군 사관 학교를 졸업한 군 조종사는 공군에서 10년 이상을 복무해야 한다. 운송용 조종사 자격을 취득하면 제대한 후에 민간 항공사 조종사로 취업할 수 있다.

대학교의 항공운항과, 항공조종학과, 항공교통학과 등에 입학한 경우는 3학년 때 학생 군사 교육단(학군단, ROTC)에 편입하면 졸업하고 공군으로 복무할 수 있다. 운송용 조종사 자격을 취득하면 제대한 후에 민간 항공사 조종사로 취업할 수 있다.

전문 교육 기관을 이수한 후 항공사에 취업할 수도 있다. 항공 조종 교육 기관으로는 한국항공대학교 부설 비행 교육원, 한서대학교 부설 비행 교육원, 공군 교육 사령부 비행 학교, 육군 항공 학교, 해군 제6전단 등이 있다. 이 밖에 울진 비행 훈련원 같은 일반 비행 교육원을 이수한 후 항공사에 취업할 수도 있다.

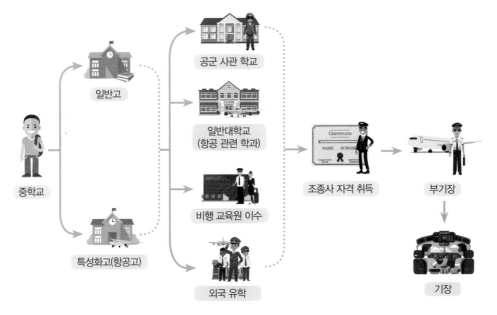

◐ 항공기 조종사의 커리어 패스

대학교 관련 학과

항공운항학과

학과 소개

국가 항공 산업 발전에
공헌하고, 항공 운송 산업에 필요한
전문 직업 조종사를 양성한다. 항공기와 항공
운항에 대한 기초 이론을 연구하고 조종 실기를
체계적으로 교육함으로써, 현장에서 적용 가능한
지식과 실무를 익히는 데 중점을 둔다.
전문성과 철저한 직업 윤리를 갖춘 조종사들이
국내 및 세계의 항공 분야에 진출하여 항공
산업의 발전에 이바지할 수 있도록
항공 과학 및 운송 체계에 대한
과학적 교육과정을 제공한다.

적성 및 흥미

항공기 조종사는 비행기가
출발지에서 목적지에 도착할 때까지 발생하
는 모든 일을 책임진다. 따라서 위기 상황에도
당황하지 않고 침착하게 대처할 수 있는 강한
정신력, 장시간 비행과 불규칙한 생활을 견딜 수 있
는 강인한 체력 등이 뒷받침되어야 한다.
특히, 항공기 조종사는 교육이 끝난 뒤에도
정기적으로 체력 검사를 받아야 하므로, 항상 건강
관리에 힘써야 한다. 철저한 자기 통제
능력과 치밀한 성격을 지닌 사람에게
유리하다.

진출 직업

항공기 조종사, 공군 조종사,
조종 교관, 항공 운항 관리사,
헬리콥터 조종사, 항공 교통
관제사 등

자격 및 면허

항공기 조종사
자격증(일정한 군 경력을 통한
자격증과 항공 운항과 졸업 후 비행 연수
후 취득), 사업용 조종사 자격증, 운송용
조종사 자격증(회전용 항공기 조종사,
고정익 항공기 자격증), 자가용 조종사
자격증, 드론 조종사 자격증, 초경량
항공기 조종사 자격 등

진출 분야

★정부 및 공공 기관★
국방부, 국토 개발부 등

★기업체★
대한항공, 아시아나항공, 제주항공, 진에어, 도심 공항
터미널, 인천 공항, 김포공항, 각종 항공 운송 사업체,
각종 화물 운송업체, 항공기 사용 사업체, 각종 항공기
취급업체 등

★연구소★
한국 교통 안전 공단, 한국 항공 우주 연구원,
국방 과학 연구소, 비행 교육원,
비행 훈련원 등

관련 학과

항공기계학과,
우주항공공학과, 항공조종학과,
항공소프트웨어공학과,
항공전자공학과, 무인항공기학과,
기계공학과, 통신학과, 전자공학과,
컴퓨터공학과, 드론공학과 등

★동아리 활동★

모형 비행기반, 드론 연구반 등의 동아리 활동은 비행기와 조종 능력을 이해하는 데 많은 도움이 되므로 추천한다.

★봉사 활동★

비행장 행사 봉사 활동과 같이 비행기를 많이 접할 수 있는 활동에 참여해 볼 것을 권장한다.

★독서 활동★

항공기와 조종사의 역할, 세계의 지리와 풍습, 과학 기술 등에 관한 책을 읽어 볼 것을 권장하다.

★교과 공부★

건강한 심신을 위한 체육 교과와 훈련, 과학적 지식 함양을 위한 과학과 컴퓨터 교과에 집중하고, 외국어 능력 향상에도 노력한다.

★교외 활동★

드론, 모형 비행기, 행글라이딩 활동 등에 적극적으로 참여하고, 공군 사관 학교에서 진행하는 캠프나 체험에 참여하는 것이 좋다.

※ 수학, 과학, 컴퓨터 교과에 집중하고, 체육 대회 등에 참여하면서 신체를 건강하게 단련하도록 노력하는 것이 좋다.

 참고 문헌

- 김봉석, 공상이상 직업의 세계, 한겨레출판사, 2006.
- 김상호, 유망 직업 백과, 노란우산, 2015.
- 에듀진, 수시 백전불태, 에듀진, 2016.
- 이랑, 십대를 위한 직업 콘서트, 꿈결, 2016.
- 이랑, 이 직업의 하루가 궁금해요, 더숲, 2014.
- 청소년 행복 연구실, 행복한 직업 찾기 시리즈, 동천출판, 2014.
- 한국고용정보원, 미래를 함께 할 새로운 직업, 진한엠앤비, 2015.
- 한국고용정보원, 청소년이 꼭 알아야 할 4차 산업혁명 새로운 직업 이야기, 드림리치, 2018.
- 한국고용정보원, 한국직업전망 2017, 한국고용정보원, 2017.
- 한승배, 10대를 위한 직업 백과, 꿈꾸는달팽이, 2015.
- KOTRA, 2017 한국인이 열광할 세계 트렌드, 알키, 2016.
- 신문 기사: 경향신문(4차 산업혁명과 고용이 미래, 2018.10.29.), 대한뉴스(알파고를 통해 본 인공지능, 빅데이터 기반 머신러닝, 2016.06.30.), 동아일보(백악관 '전설의 여기자' 토머스, 천상의 취재 떠나다, 2013.07.22.), 동아일보("67년 전 가장 불행했던 뉴스, 되풀이 되선 안돼", 2017.06.23.), 조선일보('통역의 실수'로 받은 호랑이 선물, 2009.11.10.), 한국경제("맛의 달인 소믈리에" 위협하는 인공지능, 2017.10.05.).

 참고 사이트

- 게티이미지뱅크 | www.gettyimagesbank.com
- 고용노동부 워크넷 | www.work.go.kr
- 교육부 커리어넷 | https://career.go.kr
- 교정본부 | www.corrections.go.kr
- 대입정보포털 | https://adiga.kr
- 법무부 | www.moj.go.kr
- 워크넷 | www.work.go.kr
- 위키피디아 | www.wikipedia.org
- 이미지포털 아이클릭아트 | www.iclickart.co.kr
- 한국관광공사 | www.visitkorea.or.kr
- 한국항공공사 | www.airport.co.kr
- 한국해양환경공단 | www.koem.or.kr

이미지 출처

- 11쪽 하단 왼쪽 | https://yondernews.com/2017/03/10/why-italy-matters-in-trumps-time
- 11쪽 하단 오른쪽 | http://book.interpark.com/bookPark/preview/skin.html?code=201593282&skinUrl
- 13쪽 | https://www.ekirikas.com/wp-content/uploads/2014/08/pistorius.jpg
- 18쪽 | https://media.spokesman.com/photos/2018/06/27/Mariners_Orioles_Baseball5.JPG.jpg
- 19쪽 | https://sabr.org/bioproj/person/cec4adf4
- 28쪽 중단 | http://rigvedawiki.net/w/%EA%B5%90%EB%8F%84%EA%B4%80
- 29쪽 | www.kyeonggi.com/news/articleView.html?mod=news&act=articleView&idxno=1254953&sc_code=&page=&total
- 30쪽 | www.ohmynews.com/NWS_Web/View/img_pg.aspx?CNTN_CD=IE001496604
- 34쪽 | https://upload.wikimedia.org/wikipedia/commons/8/81/AAB_1039-Panorama_%2825492018367%29.jpg
- 35쪽 왼쪽 | www.kps.or.kr/bbs/index.php?board_id=info&cate=&find=&search=&ltype=&page=&md=read&no=699
- 35쪽 오른쪽 | www.acc.org/~/media/Non-Clinical/Images/Membership/Member%20Sections/International%20Center/Chapters/Korea/korea_chapter_conference_poster.png?la=en
- 36쪽 | https://dianegottsman.com/2017/03/23/business-meeting-conference-etiquette
- 37쪽 | https://spanishabq.com/interpretations
- 38쪽 | https://asiancorrespondent.com/2011/10/highlight-of-asean-countries-in-2011-biff-events-and-programs
- 44쪽 | www.newstomato.com/one/view.aspx?seq=536802
- 45쪽 | 문화재청(www.cha.go.kr)
- 50쪽 왼쪽 | www.kdemo.or.kr/photo/410/00713800
- 50쪽 오른쪽 | www.huffingtonpost.kr/2017/08/09/story_n_17708128.html
- 53쪽 | https://pxhere.com/ko/photo/1047358
- 59쪽 | http://www.mirjam-terpstra.com/?cat=88&paged=3
- 61쪽 하단 | www.icpa.or.kr/mobile/article/view.do?articleKey=9138&boardKey=217&menuKey=400&currentPageNo=1
- 62쪽 | http://biz.chosun.com/site/data/html_dir/2017/10/09/2017100900868.html
- 66쪽 | www.nikeblog.com/on-25th-anniversary-watch-original-just-do-it-ad-story-of-the-slogan
- 67쪽 | www.edaily.co.kr/news/read?newsId=01492406619372592&mediaCodeNo=257
- 75쪽 | http://staticelectricsbrisbane.com.au/wp-content/uploads/2015/10/home-theatre-system-advantages.jpg
- 77쪽 | http://buzzworthyradiocast.com/?p=712
- 78쪽 | www.mtpr.org/post/video-reveals-power-sinclair-local-news-anchors-recite-script-unison
- 83쪽 하단 | https://www.foodandwine.com/wine-regions/france/bordeaux/best-bordeaux-wineries-visit
- 85쪽 상단 | https://www.artemiskaramolegos-winery.com/en/winery-santorini.php
- 85쪽 중단 | http://local.sangsanguniv.com/lab/traditionalalcohol
- 85쪽 하단 | http://pluspng.com/png-20343.html
- 86쪽 하단 | www.hani.co.kr/arti/economy/consumer/846754.html
- 90쪽 | https://t1.daumcdn.net/cfile/tistory/2607EB4352BE4E3D0E
- 91쪽 | www.imdb.com/title/tt0116695/mediaviewer/rm1268124672
- 102쪽 | www.radiotimes.com/news/radio/2018-01-22/what-its-like-being-a-radio-4-newsreader
- 114쪽 | www.imdb.com/name/nm1270033/mediaviewer/rm812889856
- 115쪽 하단 | https://thefilmstage.com/wp-content/uploads/2016/06/Martin-Scorsese.png
- 149쪽 상단 | http://cfile207.uf.daum.net/original/1175D5124A52D00121AD8A
- 163쪽 중단 | https://aviationweek.com/site-files/aviationweek.com/files/uploads/2014/11/Beechcraft_Garmin_Panel.jpg
- 166쪽 중단 | https://medium.com/@UAVLance/uses-and-obstacles-for-drone-technology-in-business-27201d74296c

10대를 위한 홀랜드 유형별 유망 직업 사전

05 기업형(E)

초판 1쇄 발행 2019년 6월 25일

저　　자	강서희, 오규찬, 오지연, 이영석, 한승배, 현선주
발 행 인	신재석
발 행 처	(주)삼양미디어
등록번호	제10-2285호
주　　소	서울시 마포구 양화로 6길 9-28
전　　화	02-335-3030
팩　　스	02-335-2070
홈페이지	www.samyang𝓜.com
I S B N	978-89-5897-378-2(44300)
	978-89-5897-373-7(44300)(6권 세트)